AF229187

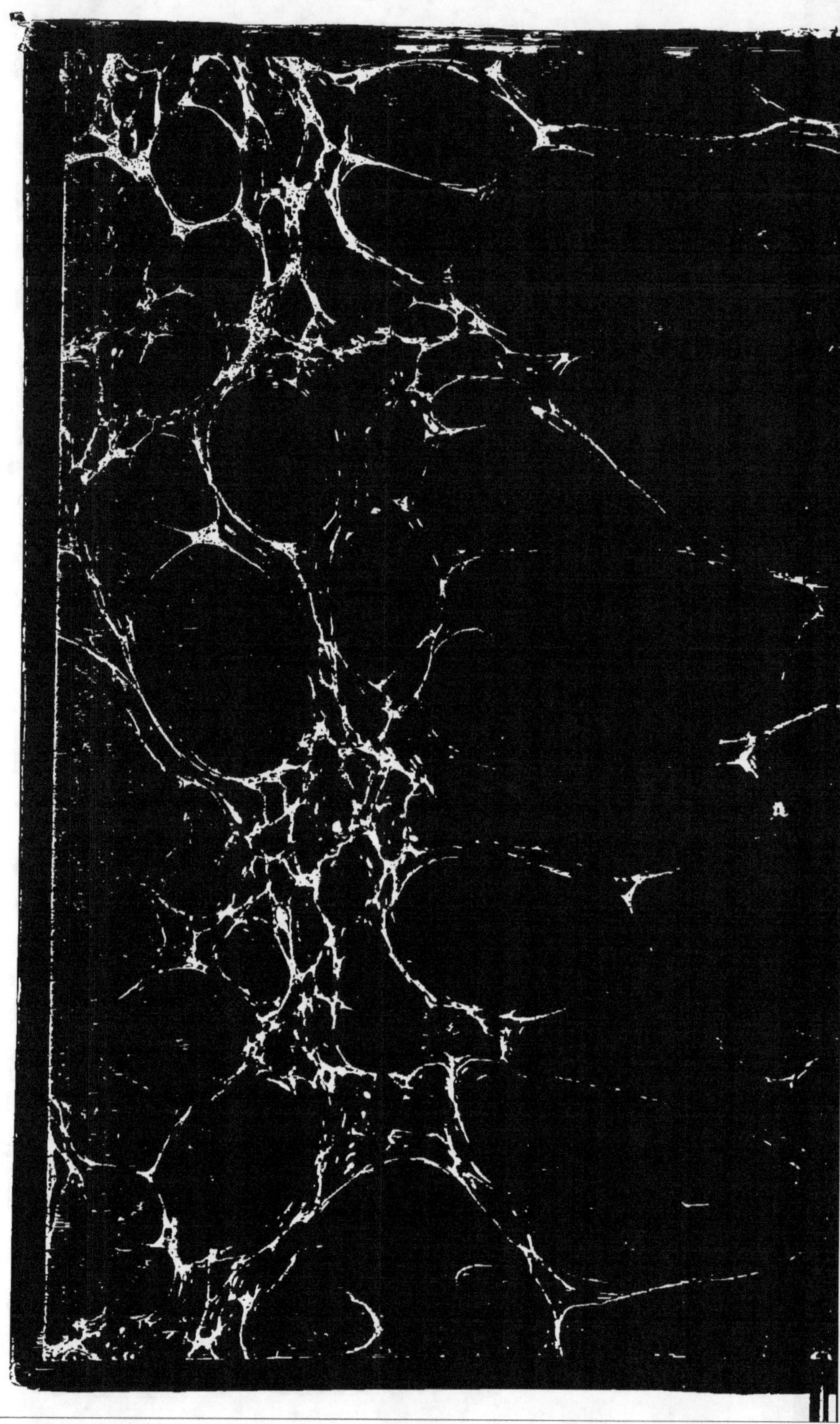

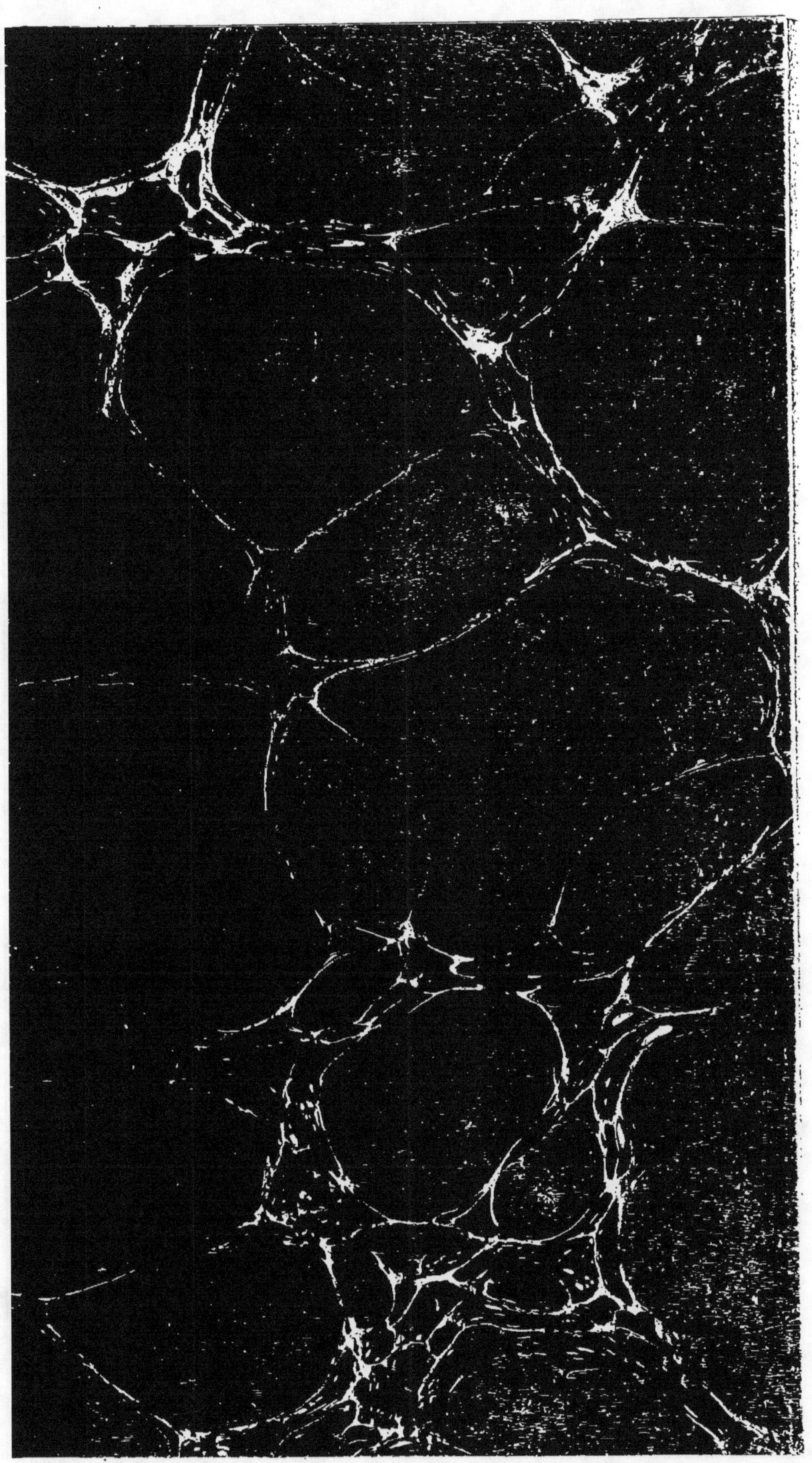

23658

DICTIONNAIRE

DES

Légendes

DES

SAINTS.

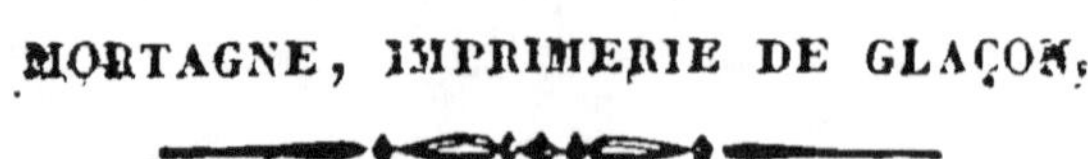

MORTAGNE, IMPRIMERIE DE GLAÇON.

DICTIONNAIRE

DES

LÉGENDES DES SAINTS,

OU

TABLE GÉOGRAPHIQUE

DES NOMS DES ANCIENNES PROVINCES, VILLES, BOURGS, FLEUVES, RIVIÈRES, FORÊTS, MONTAGNES ET AUTRES LIEUX QUI SE TROUVENT MENTIONNÉS DANS LES LÉGENDES, CANONS DES CONCILES ET MARTYROLOGES DES BRÉVIAIRES DE FRANCE, EN LATIN ET EN FRANÇAIS, AVEC LES CONTRÉES ET ROYAUMES OU CES LIEUX SONT SITUÉS.

OUVRAGE

Destiné à suppléer au silence des Vocabulaires, et indispensable à tous ceux qui sont tenus à la récitation du Breviaire, ainsi qu'à MM. les Antiquaires.

Recueil extrait de plusieurs Géographies anciennes et autre documens de ce genre, etc.,

Par l'Abbé L.–Jh. FRET,

Curé de Champs (Orne), de la société des Antiquaires de Normandie, etc.

PRIX : 1 FRANC, BROCHÉ.

MORTAGNE,

Chez M.lle GLAÇON et M. LONGIN, libraires; et chez tous les libraires des principales villes de France.

1839.

DÉPOTS DANS LES VILLES SUIVANTES,

Villes.	Libraires.	Villes.	Libraires.
	MM.		MM.
Seèz.	ROCHER.	Vire.	ADAM, fils.
Argentan.	LECRESNE.	Paris.	GAUNE, frères,
Alençon.	M.e V.e PETIOT,		Adr. LECLERC.
	HENRY VOITURIER.	Rouen.	FRÈRES.
Falaise.	LOISEL,	Evreux.	ANCELLE.
	LAUTOUR.	Coutances.	TANQUERAY.
Nogent-le Rotrou.	COUSIN.	Bayeux.	LEFRANÇOIS.
Chartres.	GARNIER, et	Mamers.	V.e DORÉE.
	LABALTE.	Versailles.	ANGÉ,
Domfront.	CRESTEY.		BABOVAL.
Le Mans.	MONNOYER.	Bellême.	DESSÉ.
Caen.	LECRESNE.	Laval.	POTIER.

L'Église en imposant à ses ministres l'obligation de parcourir les légendes où sont retracées les vertus et
les travaux de tant de héros de tout
âge et de toute condition qu'enfanta
l'Evangile, n'a eu, comme vous le sa-
vez, pour unique but, que de les pro-
poser à notre imitation, pour encou-
rager notre faiblesse, activer notre
langueur, et dissiper notre apathie,
à la vue de cette couronne inflétrissa-

ble et de cette auréole de gloire qui, éternellement, doivent briller sur le front de tout pasteur fidèle, dont les leçons et les exemples auront dirigé ses frères dans la carrière de la vie : *qui ad justitiam erudiunt multos, fulgebunt quasi stellæ in perpetuas æternitates.* Convaincus de cette consolante vérité, que de pieux ministres des autels, en savourant avec délices ces intéressantes Chroniques de nos saints, n'ont pas vivement regretté de ne pouvoir se rendre un compte exact des lieux que sanctifièrent tant de divins personnages, pendant leur passage sur notre globe de boue ? Une difficulté jusqu'à ce jour insurmontable, les avait réduits à de stériles désirs. Une foule de locutions barbares, si fréquentes dans ces sortes de leçons, ne permettait pas d'acquérir une connaissance précise d'un grand nombre de localités aujourd'hui presque ignorées, où ces fils du Ciel combattirent sous la bannière du Christ, *le seul combat* qui mène à l'impérissable gloire. Les Vocabulaires étaient muets;

et sans une étude tout-à-fait spéciale, les prêtres les plus familiarisés avec la langue des Ambroise et des Augustin, se trouvaient sous ce rapport aussi impuissans que les autres.

C'est donc à combler cette lacune que j'ai consacré mes recherches, et mis tout en œuvre pour remplir ma tâche le moins imparfaitement qu'il ma été possible.

L'amour éclairé de votre grandeur pour les lettres, le zèle à toute épreuve quelle n'a cessé de déployer dans toutes les parties de sa vaste administration, cette vigilance infatiguable, source d'émulation pour ses collaborateurs, cette charité tendre, cette sollicitude immense, s'étendant jusqu'aux plus humbles hameaux ; enfin tant de qualités éminentes qu'admire tout le diocèse dans votre auguste personne, me font espérer que votre grandeur accueillera avec bienveillance l'hommage de ce petit ouvrage, qui, malgré le peu d'importance de son volume, n'en est pas

moins appelé à rendre service à la religion et aux lettres, en facilitant l'é-
tude de l'histoire de nos saints.

C'est dans cette douce confiance
que j'ose me dire,

MONSEIGNEUR,

DE VOTRE GRANDEUR,

*Le très-humble et très-respec-
tueux serviteur,*

LOUIS-JOSEPH FRET,

*Curé de Champs, de la société
des antiquaires de Normandie.*

PRÉFACE.

Il n'est point d'homme honoré du sublime caractère de ministre de Jésus-Christ, point de pasteur vraiment digne de ce beau nom, qui, en payant chaque jour son tribut de louanges au Créateur des mondes, n'ait senti le besoin, en parcourant les légendes du Breviaire contenant l'histoire de nos saints, de suivre pas à pas du berceau à la tombe, ces anges corporels qui, suivant l'expression du plus beau génie de nos jours, semblent avoir épuisé le long catalogue des misères humaines, pour ne pas laisser sans soulagement une seule infirmité de l'âme ou du corps. Quel prêtre animé de l'esprit de l'évangile, ne voudrait, marchant sur leurs traces marquées par tant de bienfaits, gravir avec eux les crêtes arides des monts, les roches les plus escarpées, pénétrer dans les forêts les plus sombres, pour découvrir la place où se montra sous toutes les formes, la charité la plus tendre. Avec quel saint enthousiasme, le ministre sacré ne contemplerait-il pas ces lieux si empreints de suaves réminiscences, où s'élevèrent autrefois, par les mains de ces héros du Christianisme, ces pieux monastères, ces hospices, ces abbayes, ces grottes mystérieuses, ces frais hermitages, ces chapelles solitaires, monumens si chers à tous les cœurs chrétiens, et que consacrèrent tant d'intéressantes aventures? Pieuses retraites où, pratiquée à la lettre, la douce morale du Christ, sécha tant de larmes, calma tant de douleurs, appaisa tant de plaintes, en procurant un père à l'orphelin, un médecin au malade, un maître à l'ignorant et la paix de l'innocence à l'âme déchirée de remords.

Que de fois en parcourant ces vies de saints, d'une diction si naïve et à la fois si brillante, recueillies par les Bollandistes et dégagées par les savans légendaires des fables dont l'ignorance ou une piété mal entendue, les avaient chargées dans les siècles de barbarie, n'ai - je pas éprouvé moi-même un indicible plaisir ? surtout quand la vieille légende mentionnait quelques-uns de ces divins personnages qui furent nos compatriotes, et qui, contemporains de nos pères, aux âges reculés, vécurent sous le même ciel, respirèrent le même air, eurent à surmonter les mêmes obstacles et à éviter les mêmes écueils, avant de recevoir au port, le prix de leur persévérance. Mais quel n'était pas mon désappointement, quand la barbarie de certains mots latinisés, exprimant les noms des lieux qu'ils habitèrent, venait arrêter le vol de ma pensée, et paraliser l'essor de mon imagination, en enveloppant d'un atmosphère d'airain, la place où vécut mon héros. En vain je recourais à mon vocabulaire ; la page si avidement consultée était silencieuse comme la mort.

Ma longue privation eut enfin un terme, mes vœux étaient trop louables pour n'être pas exaucés ; en fouillant un jour la boutique d'un *bouquiniste*, je découvris, sans y penser, le guide depuis si long-temps attendu, c'était un vieux petit livre sans nom d'auteur, et portant une date plus que séculaire, intitulé *Géographie des légendes, etc.* Après l'avoir ouvert avec avidité, je vis avec une grande satisfaction, qu'il pouvait, à peu de chose près, satisfaire ma curiosité. Cependant comme il passait sous silence un certain nombre de noms que l'on trouve fréquemment dans les Bréviaires de Paris, de Séez et des diocèses voisins, j'y ai ajouté un supplément qui ma paru indispensable, en intercalant dans le texte alphabétique le produit de mes recherches dans plusieurs ouvrages historiques.

Outre les noms de lieux mentionnés dans les vies de saints, on y trouvera encore les noms de provinces, de villes et de villages etc, qui se rencontrent dans les martyrologes, à la tête des canons des conciles et synodes, avec l'indication des contrées et des royaumes où ces lieux sont placés.

Pour ne pas trop grossir un volume qu'on veut distribuer à peu de frais, j'ai passé sous silence beaucoup de mots trop rapprochés du français, pour n'être pas entendus des ecclésiastiques les moins familiarisés avec la langue latine. J'ai omis quelques noms tellement barbares, qu'il ma été absolument impossible d'en découvrir la signification, la ténacité des plus savans antiquaires étant même venue échouer devant leur désespérante ambiguité.

J'ai cru en publiant ce petit ouvrage, depuis si long-temps indispensable à la liturgie, rendre un vrai service à mes confrères dans le sacerdoce, ainsi qu'aux savans qui consacrent leurs loisirs à l'étude de l'antiquité. Persuadé d'une part qu'il n'est pas d'ecclésiastique obligé à la récitation du Breviaire, qui, vu la modicité du prix de ce volume, refuse après son office, d'y jeter un coup d'œil, pour y chercher un lieu, un fleuve, une forêt, etc., dont le nom jette souvent le plus grand jour sur l'histoire; et de l'autre, qu'il n'est pas d'amateur de l'antiquité religieuse ou profane, qui ne le consulte également avec fruit, pour découvrir le mot d'où dépend très-souvent la solution d'une grave difficulté.

Je désire au reste qu'ils le reçoivent avec autant de plaisir que j'en éprouve moi-même à le leur offrir.

OBSERVATION ESSENTIELLE.

MESSIEURS les ecclésiastiques, voudront bien se rappeler, que tous les monastères, abbayes, collégiales et autres établissemens religieux mentionnés dans ce dictionnaire, ont été abolis en France par le fameux décret de 1790. La Trappe seule a survécu à cet épouvantable cataclysme.

DICTIONNAIRE

DES

LÉGENDES.

A

ABALLO. Avalon, ville du duché de Bourgogne.

Abavilla et *Abbats - Villa.* Abbeville, ville du Ponthieu en Picardie.

Abbatis-Cella. Appenzel, terre de l'Abbé de S. Gal, et depuis, ville principale du canton du même nom en Suisse.

Abbirensis. m. f. *se.* n. *is.* d'Abbit, ville dans la province proconsulaire d'Afrique.

Abellinum. Avelin, ville épiscopale au royaume de Naples.

Abendonia. Abington, près d'Oxfort en Angleterre.

Aboga. Abo, en Suède.

Abrincæ, arum et Abrincatui. Avranches, ville épiscopale en basse Normandie.

Abrincatensis et Abrincensis, m. f. *se* n. *is.* d'Avranches.

Abrincatinus Pag., pays d'Avranches (Normandie).

Abula. Avila, ville épiscopale de l'ancien royaume de Castille en Espagne.

Abulensis., m. f. *se.* n. *is.* d'Avila. *Abulense cœnobium*, monastère d'Avila.

Acamas. Saint-Epiphane dans l'ile de Chypre.

Acer. Saint-Martin dans la Romandiole en Italie.

Achaïa. L'Achaïe, province de Grèce, à présent, la Livadie, partie du Péloponèse.

Acrita. Acride, en Bithynie.

Accumbitensis, m. f. *se.* n. *is.* de Combes, de Saint-Emilion. V. *Accumbitum.*

Accumbitum. Combes, à présent Saint-Emilion, au diocèse de Bordeaux.

Aceni, orum. Les Achenois, les peuples d'Achen, grand royaume dans Sumatra, l'une des iles de la Sonde, aux Indes Orientales.

Acusio. Grenoble, ville du Dauphiné.

S. Adalberti Ecclesia. L'église de S. Adalbert, à présent l'église de S. Barthelemy, dans l'ile du Tibre, à Rome.

Adana, orum. Adane, ville de Cilicie.

Adanensis, m. f. *se.* n. *is.* d'Adane.

Adrianopolis. Andrinople, à présent Endren, ville de Thrace, — Néocésarée, ville de la province de Pont.

Adrumetum. Adrumete, ville de la province Byzacène en Afrique.

Adrus, untis. Arroux, rivière en Bourgogne.

Aduatici. Peuples du diocèse de Namur en Flandres.

Aduatuca-Eburonum. Longres, au pays de Liége.

Aduaticorum-Oppidum. Namur, Pays-Bas.

Adula. Saint-Gothard, aux Alpes.

Æduensis, m. f. *se* n. *is.* d'Autun.

Ædui, orum. Les habitans d'Autun; ceux d'Autun. — V. *Augustodunum*, le pays d'Autun, l'Autunois.

Ægœa. Egée en Cilicie. *Ægœum mare*; l'Archipel; la mer de Grèce.

Ægidii-Villa in valle Flaviana. Le Val de Flaive, à présent S. Gilles, ville du Languedoc.

Ægyptius, a, um. D'Egypte, de l'Egypte.

Ægyptus. L'Egypte, grande contrée, autrefois royaume en Afrique.

Æmilia. L'Emilie, province ancienne de l'empire Romain, partie de la basse Lombardie en Italie.

Æthyopia. L'Ethyopie, grande contrée, ancien royaume en Afrique.

Afer, fra, frum. Africain, d'Afrique, qui est d'Afrique, qui concerne l'Afrique.

Africa. L'Afrique, la partie la plus méridionale des trois principales de l'ancien monde.

Africanus, a, um. V. *Afer.* — *Africani Oppidum.* S. Afrique, ou Sainte-Frique, ville de Rouergue.

Agatha et Agatha-Massiliensium. Agde, ville épiscopale dans le Languedoc.

Agathensis, m. f. *se.* n. *is.* d'Agde.

Agathopolis V. *Agatha.*

Agathyrium. S. Marc-de-Trinacrie en Sicile.

Agaunensis., m. f. *se* n. *is.* d'Agaune, de S. Maurice en Walais.

Agindicum. Agaune, *ou* Acaun, à présent S. Maurice en Walais, abbaye et petite ville près du lac de Génève, au diocèse de Sion, *ou* Sittein.

Agedincum Senonum, Agedicum et Agedinum. V. *Senones.*

Agenum. V. *Aginum.*

Agesina. V. *Inculisma.*

Aginnensis, m. f. *se.* n. *is.* d'Agen. *Aginnenses, ium,* les habitans de la ville, — du territoire d'Agen.

Aginum. Agen, ville épiscopale en Guyenne.

Agnensis Pag., pays d'Ack, Bretagne (Finistère).

Agragas, antis et Agrigentum. Gergent, *ou* Gergenti, ville épiscopale de l'île de Sicile.

Agripinensis, e, qui est du diocèse de Cologne.

Agurium. S. Philippe, *ou* S. Philippe-d'Agyrone en Sicile.

Alacer-Mons. Allier-Mont, au pays de Caux, en Normandie.

Aladum. Alaid, ville épiscopale en Irlande.

Alamanni, orum et Alamannia. L'Allemagne ancienne, à présent la Souabe, partie d'Allemagne. — Les anciens Allemans.

Alamannicus, a, um. De l'Allemagne ancienne. De la Souabe. — Des anciens Allemans.

Alani, orum. Les Alains, peuple de l'ancienne Scithie d'Europe.

Alauna ou *Valoniæ in Unellis.* Valognes, diocèse de Coutances.

Alba. L'Elbe, rivière d'Allemagne.

Alba-ad-Turmim. Albe, *ou* Alve-de-Tormes, ville de l'ancien royaume de Léon, en Espagne.

Alba-Augusta. Viviers, ville épiscopale des Cevennes, en Languedoc.

Alba-Græca. V. *Belgrada.*

Alba-Pompeia. Albe au Mont-Ferrat.

Alba-Regalis. Albe-Royale, ville de Hongrie.

Alba-Terra. Aubeterre, monastère de filles en Auvergne.

Albaïs. Albaïde. Albaïc au royaume de Navarre.

Alba-Marna. Aumale, ville du diocèse de Rouen, en Normandie.

Albana, Albanopolis et Albanum. Albane, *ou* Albanie, ville et province sur le bord de la mer Caspienne.

Albanum. Albane, ville épiscopale près de Rome.
— *Albanus.* Albano, ville près de Padoue en Italie.

Albanensis., m. f. se. n. is. D'Albane, d'Albano.

Albarium. Alvier, près de Brioude en Auvergne.

Albaugusta Helviorum. V. *Alba-Augusta.*

Alberti-Villare. Aubertvilliers, *ou* Notre-Dame-des-Vertus, village près de Paris.

Albiacum. Albino, en Condomois.

Albiga. Alby, ville, à présent Métropole en Languedoc.

Albigensis, ou *Albiensis*, m. f. *se.* n. *is.* D'Alby,
de l'Abigeois. *Albigenses, ium.* L'Albigeois,
province de France dont Alby est la capitale.
— Les peuples de l'Albigeois, — du territioire
d'Alby. — Les Albigeois, sorte d'anciens héré-
tiques de la province d'Alby.

Albingaunum. Albingue, *ou* Albinga, ville près
Gênes.

Albiniacum. Aubignac, *ou* Aubigny, nom commun à plusieurs lieux.

Album - mon-Mterium. Albmynster, au pays de
Northumberland en Angleterre.

Alburacis ou *Aurigera.* L'Arriége, rivière du
Languedoc.

Alcantara, Alcantara, petite ville de l'Estramadure, en Espagne.

Alicarum. Auchy-les-Moines, bourg et abbaye
dans l'Artois.

Aldenburgum. Aldembourg, *ou* Oudembourg,
en Flandre.

Aiduadubis ou *Dubis.* Le Doubs, rivière de
Franche-Comté, qui passe par Besançon, etc.

Alecta. Aleth, en Languedoc.

Alemania. V. *Alamannia.*

Alenconium. Alençon (Orne).

Alensis, m. f. *se.* n. *is.* De Halés, village du
comté de Glocester, en Angleterre.

Alentio. Alençon, ville de Normandie.

Alés, etis. V. *Alethum.*

Alesia. Alise, ville à présent ruinée, de la Bourgogne.

Alesiensis Pag., pays d'Alais. Languedoc (Gers).

Alestum. Alés, ville épiscopale dans les Ce-
vènes.

Aletensis., Alethensis, m. f. *se* n. *is.* D'Aleth.

Alethum, ou *Aletum et Alethivicus.* Aleth, ville
ruinée, autrefois épiscopale, en Basse-Bretagne.
—Guic-Aleth, à présent S.-Malo, ville épiscopale

de l'île aujourd'hui du même nom, appelée auparavant l'île d'Ataon en Basse-Bretagne. — S.-Servens, près de la ville de S.-Malo. — Aleth, ville épiscopale dans le Languedoc.

Alexandria. Alexandrie, en Egypte.

Alexia. V. *Aleisa.*

Alexiense territorium. L'Auxois, canton de Bourgogne dont Auxerre est capitale.

Alga. V. *Auga.*

Algeria et Algerianum regnum. Le royaume d'Alger en Afrique.

   Algerium. Alger, ville capitale du royaume de même nom en Afrique.

Algia. Le pays d'Hyesmes, à présent, le pays d'Auge en Normandie. *Saltus-Algiæ.* La forêt d'Auge en Normandie.

Aliardensis Pag., pays d'Aillas. Bajadais (Gironde).

Alinensis. Alienensis. Alnisus Pag., pays d'Aunis (Charente-Inférieure).

Alingavia. Langey, bourg près de Tours.

Aliodrensis Pag. La Brie (Oise et Marne).

Alisium. V. *Alestum.*

Allingiana arx. Le fort des Alinges à deux lieues de Thonon en Chablais, contrée de Savoie.

Allobroges. Les Savoyards, peuples de Grenoble, de Genève, de Vienne et du Dauphiné.

Allocium et Allogium. Alluye, bourg au pays Chartrain.

Almaniscæ, arum. Almanesches, autrefois abbaye au pays d'Auge en Normandie.

Alnetensis-Pagellus l'Aunay. Parisis. Aulnay-les-Bondy. Clichy, en l'Aunay. Livry, etc. (Seine et Oise).

Alnisium. Le pays d'Aunis, contrée de la Saintonge dont la Rochelle est capitale.

Allontium. Saint-Philadelphe, dans l'île de Sicile.

Alpecium, Alpicus et Alpici-Portus. Port-au-Pec,

et par corruption, le Pec, village près Saint-Germain-en-Laye, au diocèse de Paris.

Alpes, ium. Les Alpes, chaîne de montagnes qui sépare l'Italie de la France.

Alpinus, a, um. Des Alpes, qui concerne les Alpes. *Alpina-Jugea.* V. *Alpes.*

Alsatia. L'Alsace, contrée entre la France, les Pays-Bas et l'Allemagne.

Alsensis ou *Alesiensis Pag.* L'Auxais en Bourgogne.

Alsontiæ, et Alsuntiæ, arum. Ausonce, au diocèse de Reims.

Altacensis Pag. Pays d'Artas (Isère).

Alteia. Authie, rivière de Picardie.

Altifolium. V. *Jonii Ecclesia.*

Altimontium. V. *Altus-Mons.*

Altinum. Altino, ville d'Italie sous la Métropole Aquilée.

Altissiorensis et Altissiodorum. V. *Autissiodorensis,* etc.

Altivillare. Hautvilliers, abbaye en Champagne.

Altivillarensis, m. f. *se.* n. is. de Hautvilliers.

Altogilum et Altoilum. Auteuil, nom commun à plusieurs lieux.

Altricus. Autry, *ou* Chitry, près d'Auxerre.

Altum-Villare. V. *Alti-Villare.*

Altus-Mons. Hautmont, abbaye dans le Hainaut.

Alumna. Alone, en Anjou.

Amagetobriga. Binghen *ou* Mezière, sur la Meuse.

Amalphis. Almaphi, ou Malfi, ville archiépiscopale, au royaume de Naples.

Amanaburgum. Omembourg, abbaye en Allemagne, sur les confins de Hesse et de Turinge.

Amarini oppidum. S.-Damarin, petite ville de l'Alsace.

Amasia. Amasée, ville de la province du Pont, en Asie.

Amastris. Famestro. Autrefois Amátride, en Paphlagonie.

Amathus, untis. Amathonte, à présent, Limisso, ville épiscopale de l'île de Chypre.

Amatuna-Insula. Ile près de Sardaigne qui s'appelait autrefois Amatune.

Amausus ou *Amausensis Pag.* Pays d'Amous, en Bourgogne.

Ambacia. Amboise. Ville de Touraine.

Ambarri. Peuple du diocèse de Châlons-sur-Saône, le Charolais.

Ambasiacus-Vicus. Ambazac, *ou* Embazais, prieuré près de Grammont, dans la Haute-Marche.

Ambianensis, m. f. *se.* n. *is.* D'Amiens.

Ambiani, orum et Ambianum. Amiens, ville épiscopale, en Picardie.

Ambibareti. Peuple du diocèse de Nevers (Nièvre).

Ambibrii ou *Abrincatui.* Peuple du diocèse d'Avranches, en Normandie. Le petit bourg de Hambie, a, selon Vingeneré, pris son nom de l'ancien peuple.

Ambitiates. Peuple de Lamballe en Bretagne.

Ambivariti. Peuple du diocèse d'Anvers en Brabant.

Amblava. Amblef, rivière en Ardennes.

Ambroniacum. Ambournay, abbaye au pays de Bugey, en Bresse, diocèse de Lyon.

Ambrosii fanum. S.-Ambrois, en Berry.

Ameliacum - Biturigam. Ambly, au diocèse de Bourges. — *Brigensium.* Amilly, en Brie.

America. L'Amérique, *ou* le nouveau monde, dont l'hémisphère est aussi étendu que le nôtre.

Amilda. Emet, en Mésopotamie.

Amiterinus, a, um. D'Amiterne.

Amiternum. Amiterne, à présent, S.-Victorin Ville épiscopale de l'Abbruzze ultérieure, en Italie.

Amnis-alba, ou *Albeta.* Aubertin, petite rivière

de la Brie. — *Mucra*. Le Morin ; nom de deux petits ruisseaux de la Brie.

Amphimalia. S.-Nicolas en Candie.

Amoniensis Pag. Les Amognes (Nièvre).

Amorium. Amore, ville de la Haute - Phrygie.

Anagnia. Anagni, *ou* Anagna, ville épiscopale de l'ancien Latium, à présent, de la campagne de Rome.

Anagratæ, arum et Anagrate, es. Anegray, monastère dans le désert de Vosge, en Lorraine.

Ananocensis Ager. Le Viennois, pays de Vienne.

Anaplus. Anaple, près le Bosphore de Thrace.

Anaunia. Le Val d'Anagna, dans les Alpes, au diocèse de Trente. — *Martyres Anaunienses*. Les Martyrs d'Anagna.

Anazarbum. Anazarbe, ville de la Seconde-Cilicie.

Ancyra. Ancyre, ville capitale de la Galatie.

Ancyranus, a, um. D'Ancyre.

Andaginum et Andainum. S. - Hubert en Ardennes, ville et abbaye au pays de Liège.

Andana. Anden, ou Andenne, abbaye de filles, sur la Meuse, entre Namur et Huy.

Andanivilla. Andainville, au pays de Vimeu, en Picardie.

Andao. S.-André, près de Villeneuve, d'Avignon.

Andegravensis, nt̃. l. *se. n. is*. D'Angers, d'Anjou.

Andegavensium solum. L'Anjou, le pays d'Anjou.

Andegavia, orum et Andegavum. Angers, ville épiscopale et capitale de l'Anjou.

Andegavia. L'Anjou, province de France.

Andelagum, Andeleium, et Andeliacum. Andelis, *ou mieux* Andely, petite ville et abbaye près de la Seine, à sept lieues de Rouen.

Andelaha. Andelavv, en Alsace.

Andematum et Andematum-Lingonum. V. *Lingones*.

Andematunum. Langres, ville épiscopale de France.

Andena. **Anden**, au diocèse de **Namur.**

Andensis, m. f. *se v. is*. D'Anden.

Anderitum, Gabalorum. Mendes, ville épiscopale du Languedoc.

Anderlacum. Andurlec, près de Bruxelles dans les Pays-Bas.

Andes, ium. V. *Andegavi.*

Andesagina. Anssène, sur la rivière de Bresle au Ponthieu, en Picardie.

Andilegum. V. *Adelagum.*

Andorrensis Pag. ou *Vallis.* Comté de Foix.

Andoverpum. V. *Antuerpia.*

Anemundi - Castrum. S. - Chaumont. Ville du Lyonnais.

Anetum, Castrum. Anet, près Dreux (Eure et Loir).

Sancti Angeli Oppidum. Bourg de S.-Ange, près de Fermo, dans la Marche-d'Ancone, en Italie.

Angelorum-Mons. Angelberg, au canton d'Onder-valt en Suisse.

Angeriacum. S.-Jean-d'Angely, ville de Saintonge.

Angli, orum. Les Anglais. — L'Angleterre. *Anglorum provincia.*

Anglia. L'Angleterre ; royaume qui fait partie de la plus grande des îles Britaniques, en Europe.

Anglicanus, a, um. De l'Angleterre, qui tient de l'Angleterre, Anglican. *Anglicani Episcopi.* Les Evêques d'Angleterre.

Anguri V. *Ancyra.*

Aniana. Agnani, au diocèse de Montpellier, près de Lodéve.

Aniciacum. V. *Annecium.*

Aniciensis, m. f. *se v. is*. Du Puy-en-Vellay.

Anicium. Le Puy-en-Vellay, ville épiscopale des Cevennes.

Anisola et Aninsula. Anille, à présent, S.-Calès, abbaye au pays du Maine.

Anisolensis, m. f. *se v. is*. D'Anille de S.-Calès.

Annecium. Annecy, ville épiscopale de Savoie.

A sensis Ager. Anse, pays du Lyonnais (Rhône).

Ansio, v. *Enixio.*

Ansuiscum. Ansoüis, en Provence.

Antandros. Antandre, à présent, S.-Demètre dans l'Anatolie.

Antiniacum. Antigny, en Poitou.

Antimonasterium. Ermontier, abbaye en Limousin.

Antinoitæ, arum. Antinoites, peuples d'Antinoé en Egypte.

Antinoum. Antinoé, ville de la Thébaïde en Egypte.

Antiocha. Antioche, ville capitale de Syrie.—Ville principale de Pisidie. — Autre ville de l'Asie mineure.—Petite ville de la Basse-Thébaïde. — *Mygdoniæ.* Nisibe, ville de Mésopotamie.

Antiochenus, a, um. d'Antioche, qui est d'Antioche, habitant d'Antioche.

Antipolis. Antibe, en Provence.

Antissiodorensis et Antissiodorum, v. *Autissiodorensis*, etc. *Sanctus Antonius in Campis.* L'abbaye S.-Antoine au faubourg du même nom, à Paris.

Antrensis. D'Aindre, de S.-Herblond.— *Insula*, v. *Antrum.*

Antricum et Antriginum. Andrette, *ou* Aindrette, lieu près de Nantes en Bretagne.

Antrum. L'Antre, à présent Aindre, *ou* S.-Herblond, île et monastère sur la Loire, près de Nantes en Bretagne.

Antuerpia, et Antvverpia. Anvers, ville épiscopale en Brabant.

Anxiacum. Ancy-le-Duc, en Bourgogne.

Apamiæ, arum. Pamiers, *ou* Pamiez, ville épiscopale en Languedoc.

Apamiensis, m. f. se. n. *is.* De Pamiers.

Aphrodisias, adis. S.-Théodore, en Cilicie.

Appamiæ, arum. Apamée, ville de Syrie, située au cœur de la Phénicie. — Ville de Phrygie. — Ville ancienne de Bithynie.

Appamiensis, m. f. *se.* n. *is.* D'Apamée.

Appiavia ; V. *Via.*

Aprutium. L'Abbruze, province d'Italie, au royaume de Naples.

Apta, ou *Apta Julia.* Apt, ville épiscopale en Provence.

Aptarii-Campi. Achères (Ile de France).

Aptensis Pag., ou *Ager,* pays d'Apt, en Provence.

Apulia. La Pouille, province d'Italie au royaume, de Naples.

Aqua-Sparsa. Aigue-Perse, dans la Limagne d'Auvergne.

Aqua-Calidæ. V. *Aqua-Sparsa.* — *Convenarum.* Aques, au diocèse de Comminges. — *Duræ.* Bades, au diocèse de Constance en Suisse. *Gradatæ.* S.-Cassien, *ou* S.-Cantien, bourg dans le territoire d'Aquilée, en Italie. — *Grani* ; V. *Aquisgranum.* — *Neri,* ou *Nerea.* Néris, petit bourg en Bourbonnais. — *Salvia,* le monastère de S.-Anathase, *ou* des Trois-Fontaines, près de Rome. — *Sextiæ.* Aix, ville archiépiscopale de Provence. — *Satyellæ.* Acqui, au Montferrat. — *Tœuri,* lieu du Latium assez près de Rome. — *Tarbellicæ,* ancienne ville de Gascogne, peut-être Dacqs, peut-être Bayonne. — *Tibilitinæ.* Les eaux de Tibile lieu d'Afrique.

Aquensis, m. f. *se.* n. *is.* d'Aix en Provence.

Aquila. L'Aquila, ville épiscopale de l'Abbruzze en Italie, sur les ruines d'Amiterne. Laigle (Orne).

Aquieleia. Aquilée, ville autrefois Métropole, à présent épiscopale du Frioul en Italie.

Aquileiensis, m. f. *se.* n. *is.* d'Aquilée.

Aquilina et Aquilisma, V. *Inculisma*. — *Sylva*. La forêt d'Yveline, au diocèse de Chartres.

Aquinas, atis, m. f. de la ville d'Aquin, V. *Aquinum*.

Aquineium. V. *Buda*.

Aquiniacum. Aquigny, près d'Evreux, en Normandie.

Aquino. Aiguillon, duché en Agenois.

Aquinum. Aquin, ville et comté, au royaume de Naples.

Aquiria. Ewijers, abbaye en Brabant.

Aquiscinctium. Anschint, abbaye en Hainaut.

Aquisgranensis, m. f. *se*. n. *is*. d'Aix-la-Chapelle.

Aquisgranum. Aix-la-Chapelle, dans le duché de Julliers en Allemagne.

Aquistriæ, arum. Guitres, abbaye en Guyenne.

Aquitani, orum. Les habitans, les peuples d'Aquitaine.

Aquitania. L'Aquitaine, l'une des trois principales divisions de l'ancienne Gaule, vers l'Espagne. La Guyenne en fait à présent partie.

Araluci, et Aralucus. Arluc, abbaye en Provence.

Arabia. L'Arabie, grande contrée d'Asie.

Arabissum. Arabisse, ville épiscopale de l'Arménie.

Arabs, abis, m. f. Arabe, qui est d'Arabie.

Arania Vallis, vallée d'Aran, près Conserans.

Arar, la Saône, rivière de France.

Arausia, Arausica et Arausio. Orange, ville épiscopale de Provence.

Arausicanus, a, um. De la ville d'Orange.

Arbo. Saint-Gal en Suisse.

Arbona. Arbon, petite ville, près du lac de Constance en Suisse.

Arborica, V. *Abrincœ*.

Arbosium. Arbois, en Franche-Comté.

Arcæ, arum. Arques, en Normandie.

Arceiæ-ad-albam et Arciaca. Arcy, *ou* Arcis-sur-Aube, petite ville de Champagne.

Arcella, Lacelle, abbaye de filles, près de Brugnoles.

Arciacensis Pag., pays d'Arcis en Champagne.

Arcus-in-Braiâ. Archambray, ville de Saintonge.

Ardeatina via. V. *Via.*

Ardremari, V. *Arremarense.*

Arduena. Ardenne. Forêt dans le Luxembourg.

Arebrignus Pag., pays d'Arnay-le-Duc. Autunois et Beaunois (Bourgogne).

Arelas, Arelate et Arelatum. Arles, ville archiépiscopale en Provence.

Arelatensis, m. f. *se.* n. *is.* d'Arles.

Arenaulensis Sylva, la forêt d'Arelaune, près des bords de la Seine ; forêt fort peu connue à présent.

Aremorica et Armorica. La partie de Bretagne, surnommée Armorique.

Armorici, orum. La Bretagne, province de France. —Les Bretons, les peuples de Bretagne ; la partie de Bretagne aux environs de S.-Malo ; la Basse - Bretagne,—L'Armagnac.— Peuples du Bas-Languedoc.

Arenæ, arum. Arenas, monastère près d'Avila en Espagne.

Areolæ, arum. Saint-Laurent-des-Eols en Sologne.

Arethusa. Arethuse, ville de Syrie.

Arctium. Arrezzo, ville épiscopale de Toscane.

Argentacum. Argentac en Limousin.

Argentanum. Saint-Marc en Calabre.

Argentina. V. *Argentoratum.*

Argentiolæ, arum. Argensoles, abbaye de filles dans le Soissonnais.

Argento. Argenton en Poitou.

Argentogilum, et Argentomagus. Argenteuil, près de Paris.

Argentomagensis, m. f. *se.* n. *is.* D'Argenton, en Berry.

Argentomum. Argentan, au diocèse de Séez.

Argentoratensis, m. f. *se.* n. *is.* de Strasbourg.

Argentoratum. Strasbourg, ville épiscopale de l'Alsace, sur le Rhin.

Argoenna. Argonne, contrée de Champagne.

Argona. Argonne en Champagne, Sainte Menhoult et Clermont (Marne et Meuse).

Argulium. Argonne, dans le Ponthieu en Picardie.

Aria. Aire, ville de l'Artois.

Arianum. Arian, petite ville et comté au royaume de Naples.

Arianzum. Arianze, ville du territoire de Nazianze, dans la seconde Cappadoce.

Arida gamantia. Arouaise, abbaye en Artois.

Ariminensis, m. f. *se.* n. *is.* De Rimini.

Ariminium et Ariminum. Rimini, ville épiscopale de la Romagne en Italie.

Arisitensis Ager, pays de l'Arsat et Larsac (Rouergue).

Arisitum. Arisite, ville ruinée de l'ancienne Aquitaine.

Arma, orum. S.-Jacques-de-Popajan, en Amérique.

Armacha. Armargh, ville de la province d'Ultonie en Irlande.

Armeniacensis. Armagnac, pays de Gascogne (Gers).

Armenia. L'Arménie, province d'Asie.

Armilata. S.-Zoïle-d'Armilate, abbaye du diocèse de Cordoue en Espagne.

Armorica et Armoricores, rum. V. *Aremorica, Aremorici,* etc.

Arnulfi fanum in Aquilinâ Sylvâ. S. – Arnoul en Yveline, bourg du diocèse de Chartres.

Arouasia. V. *Arida Gamantia.*

Arona. Le Château-d'Arone dans le Milanez.

Arousia. Pays d'Arrouaise (Artois et Picardie).

Arremarense Monasterium et Arremari. Moutier-Ramey, *mieux que* Montiramé, *autrement*, le monastère de Corbon, à quatre lieues de Troies en Champagne.

Artegia. Arthies dans le Vexin français (Seine et Oise).

Artemisium. Sainte-Agathe, en Calabre.

Artesia. L'Artois, pays entre la Picardie, le Hainaut et la Flandre.

Artona. Artone, petite rivière de la Basse-Auvergne.

Arvernensis, m. f. *se* n. *is.* V. *Avernus.*

Arvernus, a, um. D'Auvergne. Auvergnat, qui est d'Auvergne.

Arverta. (Ile ou pays d'Arvert). (Saintonge).

Ascalengium. V. *Hildesia.*

Asiniacum. Asenay, au diocèse de Luçon.

Asnacensis Pag., pays de Limoges (Le Limousin).

Aspallucensis vallis, vallée d'Aspe (Béarn. Basses-Pyrénées).

Assindia. Essen, abbaye de filles, en Allemagne.

Assissium. Assise, ville d'Ombrie, à présent, dans l'état ecclésiastique, en Italie.

Assur. Assur, ville de la province proconsulaire, ou Zeugitane en Afrique.

Asta Pompeia. Ast, ville de Lombardie.

Astaracum. Estarac, comté en Armagnac.

Astarensis Pag., pays d'Astarac (Gascogne) Gers.

Astaris. V. *Noricum.*

Astenidum. V. *Satanacum.*

Astures. V. *Noricum.*

Asturia. Les Asturies, province et ancien royaume en Espagne.

Asturica - Augusta. Astorga, ville épiscopale de l'ancien royaume de Léon en Espagne.

Astygis. Ecyge, ville épiscopale de l'Andalousie, en Espagne.

Astygitanus, a, um. d'Ecyge.

Astyres, **V.** *Noricum.*

Atanum et Atanus. S.-Yriez, *ou* S.-Irier, abbaye en Limousin.

Atax, acis. L'Aude, rivière du Languedoc, qui donne son nom à un département.

Ateiœ, arum. Athies, bourg de Vermandois.

Atella. S.-Arpin, près de Naples.

Athenacum. Aisnay, abbaye à Lyon. *Martyres Athanenses.* Les martyrs de Lyon *ou* d'Aisnay.

Athanum. **V.** *Atanum.*

Athenœ, arum. Athènes, ville capitale de l'Attique en Grèce.

Atheniensis, m. f. se. n. *is.* D'Athènes, qui est d'Athènes. *Athenienses, ium.* Les Athéniens, les habitans d'Athènes.

Athiacum. Athis, bourg de l'arrondissement de Domfront, diocèse de Séez. *Athiacensis.* D'Athis, qui est d'Athis.

Atouriensis Pag., pays des Attouares (Mirebeau et Saint Jean de Losne (Bourgogne).

Atrebas, atis, et Atrebatensis, m. f. se. n. is. d'Arras, qui est d'Arras.

Atrebates, tum. Arras, ville épiscopale et capitale de l'Artois. — L'Artois. **V.** *Artesia.*

Aturiripensis Pag., pays d'Auribat. Tartas et Saint-Jours (Gascogne. Landes).

Aturra, Auura et Aturus. Aire, ville épiscopale de Gascogne. — *Aturus fluvius*, l'Adour, rivière de Gascogne.

Auca. Oye, *ou* Oyen, petite île de Guyenne.

Aucum. **V.** *Auga.*

Audomari fanum et Audomaropolis. S.-Omer, ville épiscopale en Artois.

Auga et Augœ, arum. Eu, ville et comté en Normandie.

Augia. Ovv., abbaye de filles, dans la Souabe.

— *dives.* Reicknavv, autre abbaye du même pays.—*Augia*, ou, *Ogia.* Oye, île et monastère dans le Poitou.—Hermitage de S.-Gon, dans la Champagne.—V. *Auca.*

Augum. V. *Auca.*

Augusta. August, dans la Basse-Picardie. — *Ausciarum.* V. *Auscii* — *Braccarum.* V. *Braccara.* — *Emerita.* V. *Emerita.* — *Prætoria.* Aost, ou Août, ville épiscopale en Piémont.—*Rauracorum.* Augst, en Suisse. — *Tiberii* — *Tiberina.* Ratisbonne, ville épiscopale en Bavière.—*Suessionum.* V. *Suessiones.* — *Taurinorum.* Turin, ville archiépiscopale et capitale du Piémont. — *Trevirorum.* V. *Treviri.* — *Tricastinorum.* V. *Treccæ.*—V. *Tricastinum.* — *Veromanduorum*, ou, *Viromanduorum.* Vermand, à présent S.-Quentin, ville principale du Vermandois.—*Vindelicorum.* Ausbourg, ville épiscopale en Souabe.

Augustaldia. Hagustald, ville du Northumberland, en Angleterre.

Augustanus, a, um. Et *Augustensis*, m. f. se. n. *is.*, d'Ausbourg.—D'Aost.

Augustobona. V. *Treccæ.*

Augustodunensis, m. f. *se. v. is.* D'Autun.

Augustodunum. Autun, ville épiscopale en Bourgogne.

Augustonemetum. V. *Clarus-Mons.*

Augustoritum. V. *Pictavi. Lemoviocum.* Limoges.

Aulona. La Valone, ville d'Albanie.

Auraica et Aurasio, V. *Arausio.*

Aureavallis. Orval ou Val-d'Or, monastère près de Constance en Suisse. — Airvaux, abbaye au diocèse de la Rochelle.

Aurelia. V. *Aureliani.*

Aureliacensis, m. f. *se.* n. *is.* D'Orillac.

Aureliacum. Orillac, ou Aurillac, ville et abbaye de la Haute-Auvergne.

Aurelianensis, m. f. *se.* n. *is.* D'Orléans.

Aureliani, *orum et Aurelianum.* Orléans , ville épiscopale et principale de l'Orléanais.

Aurelianus, a, um. D'Orléans, qui est d'Orléans.

Aureus lucus et Aurilacum. V. *Araluci.*

Auriniacum. Origny, abbaye dans la Thierrasche.

Aurio et Aurionense monasterium. Evron , abbaye au Maine.

Auscii, orum. Ausch, ville métropole en Gascogne.

Aussonense Territorium, l'Auxonnois (Bourgogne).

Austerbantum. Ostrevant, contrée en l'Artois, le Hainault et la Flandre.

Austrasia. Austrasie, à présent la Lorraine , autrefois le pays depuis la Lorraine jusqu'au fleuve du Rhin et de l'Escaut.

Austrasii, orum. Ceux d'Austrasie, les peuples d'Austrasie.

Sancti Austregisili Ecclesia de Castro. S. Outrille-du-Château, en Berry.

Austria. L'Autriche, province d'Allemagne.—V. *Austrasia.*

Autissiodorensis, m. f. *se.* n. *is.* d'Auxerre.

Autissiodorum. Auxerre, ville épiscopale en Bourgogne.

Autricum. V. *Carnutum. Carnutes.*

Autricus. V. *Altricus.*

Autuates, du bas Valais, en Suisse, et du pays de Vaud.

Autura fluvius. Eure , rivière de France.

Auxitanus, a, um. d'Auch , de la province d'Auch. V. *Auscii.*

Auxuenua. V. *Manechildis.*

Auxuma et Auxumum. Auxumo, Casumo, Xumate, Auxume, Chaxume. Tous noms d'une même ville autrefois capitale de l'Ethyopie.

Avalensis Pag., pays d'Avalon, l'Avalonnais, (Bourgogne).

Avalocium. V. *Allocium.*

Avaricum et Avaricum Biturigum. V. *Bituricæ.*

Avedonacenses, ium. V. *Alnisium.*

Avendum et Avendunum, V. *Habenda.*

Avenionensis, m. f. *se.* n. *is.* d'Avignon, qui est d'Avignon.

Aviensis., m. f. *se.* n. *is.* D'Abie.

Avenium. Avignon, ville principale du comtat Vénaissain de l'église Romaine, dans les enclaves de la Provence.

Avennacum. Avenay, abbaye de filles, en Champagne.

Aventicensis, m. f. *se.* n. *is.* d'Avenche.

Aventicum. Avenche, ville épiscopale en Suisse.

Averbodium. Everbeur, abbaye, au diocèse de Malines.

Averni, orum et Avernum. V. *Clarus mons.*

Avernia. L'Auvergne, province de France.

Avium. Avie, dans l'Abrusse ultérieure.

Axiacum. Aissé en Limousin.

Axima. Saint-Jaqueme, en Tarentaise.

Axona. L'Aîne, rivière de l'île de France.

B

BAbæ mons et Babemberga. Bamberg, ville épiscopale de la Franconie en Allemagne.

Babylon. Babylone, ville ancienne de Chaldée sur l'Euphrate. — Ville archiépiscopale de l'Egypte.

Bacaudarum castrum vetus. Le vieux château des Bagaudes, à présent S.-Maur-les-Fossés, à deux lieues de Paris, autrefois abbaye.

Bacenis Silva. La Forêt-Noire, en Allemagne.

Badæ, arum ou *Badi, orum.* Bades en Afrique.

Bagacum Nerviorum. Bavay en Hainaut.

Bagaia. Bagai, ville de Numidie en Afrique.

Bagaudæ. V. *Bagaudarum.*

Bagaunensis pagus. Pays de Baune, Anjou.

Bagensis, pagus, Bordelais (Gironde et Landes).

Baioaria. V. *Baivaria.*

Bajocæ, arum et Bajocasses., ium. Bayeux, ville épiscopale en Normandie.

Bajocensis, m. f. *se.* n. *is.* De Bayeux. *X ajocense territorium.* Le pays Bessin, dont Bayeux est la capitale.

Baivaria. La Bavière, palatinat et duché en Allemagne.

Balaneium. V. *Balineacum.*

Balbiacensis, pagus, pays de Baugé, Anjou.

Baldomeris oppidum. S.-Galmier, *ou* S.-Garmier, au pays de Forez.

Balesium. S.-Marc en Otrante.

Balgentiacum. Baugency, petite ville du diocèse d'Orléans.

Balineacum. Baligny, au diocèse de Bauvais.

Balisa. Baise, rivière en Condomois.

Balma. Beaume-les-Nonnes, monastère dans la Franche-Comté.—— *Jurensium.* S.-Romain-des-Roches, près de S.-Claude en Franche-Comté.

Balneolensis, m. f. *se.* n. *is.* De Bagneux.

Balneolum. Bagneux, village près de Paris.

Balneoletum. Bagnolet, village près de Paris.

Balneo regium et Balneum regis. Bagnarée, *ou* Bagnarea, ville épiscopale en Toscane.

Banchorna. Bangor, ville épiscopale de la principauté de Galles en Angleterre.

Banza. S. Salvador, au royaume de Congo, en Afrique.

Barbastrum. Balbastre, ville de l'ancien royaume d'Aragon en Espagne.

Barberiacum. Barbery, abbaye au diocèse de Bayeux en Normandie.

Barbezilus. Barbezieux, en Angoumois.

Barbezillensis de Barberieux (Charente).

Barea et Barcia. V. *Baris.*

Barcetum. V. *Bercetum.*

Barcino et *Barcinona.* Barcelone, ville maritime en Catalogne.

Barcinonensis, m. f. *se.* n. *is.* De Barcelone.

Baris et *Barium.* Bari, ville du royaume de Naples.

Barensis, m. f. *se.* n. *is.* De Bari.

Barensis Ducatus. Le Duché de Bar en Lorraine.

Barrensis pagus, Bar-sur-Aube et Bar-le-Duc, (Meuse et Aube).

Sancti Bartholomei in insulá. V. *Adalberti.*

Barzalium. S. Serge. V. *Sergiopolis.*

Basconia, les Basques, (Basses-Pyrenées).

Basilea. Basle, ville sur le Rhin, capitale de l'un des treize cantons de ce nom.

Basileensis, m. f. *se.* n. *is.* De Basle.

Basilica. Eglise.—La Basoche, en Soissonnais.

Bassiniacensis, Champagne et Barrais.

Batalios. Badajox, ville épiscopale de l'ancien royaume de Castille en Espagne.

Batavia. La Hollande, presqu'île des Pays-Bas *ou* Provinces-Unies.

Batha. Bas *ou* Baaz, île de la basse Bretagne.

Bavaria. V. *Baivaria.*

Baucetum. Baucet, près de Carpentras.

Baugiacum. Bouy, en Auxerrois.

Beanchor. V. *Rencor.*

Bearnensis, *pagus*, pays de Bearn, (Basses-Pyrénées).

Bearnecensis, *pagus*, Gévaudan.

Beatia. Baëce, ville de l'ancien royaume d'Andalousie, en Espagne.

Beccense monasterium. L'Abbaye du Bec, sur la rivière du même nom, à huit lieues de Rouen, en Normandie.

Belgœ, *arum.* Les peuples d'entre l'Océan, le Rhin, la Marne et la Seine.

Belgium. La Flandre.—Le Brabant.—La Picardie.

Belgrada. Bellegrade, ville de la petite Tartarie.

Belisia. Bilsen *ou* Munster-Bilsein. abbaye de filles au pays de Liége.

Bellavallis. Beauveau. nom commun à plusieurs lieux.—Bellevaux, abbaye en Franche-Comté.

Bellica et *Bellicum*, Belley, ville du Bugey en Bresse.

Bellicensis, m. f. *se*. n. *is*. de Belley.

Bellinus pagus, le Bélin, pays du Maine (Sarthe).

Belli locus. Beaulieu, abbaye en Limousin.—Abbaye au diocèse de Verdun.

Bellismensis, pagus, Bellesmois, Grand-Perche (Orne).

Bellismum. Bellême, ville (Orne).

Belloacum. V. *Bellovacum*.

Bellocasses, ium. V. *Bajocæ*.

Bellojecensis, pagus, Beaujolais, Lyonnais.

Bellomontium. V. *Bellus mons*.

Bellovacensis, m. f. *se*. n. *is*, de Beauvais, *Bellovacense municipium*. Le Beauvaisis.

Bellovacum, Belluacum et *Belvacum*. Beauvais, ville épiscopale de l'Ile de France.

Bellus lonomarus. Bellomer, ancien monastère au Perche.— *Mons-ad-Isaram*. Beaumont-sur-Oise, petite ville du Beauvaisis, entre Beauvais et Paris. *De bello monte Comes*. Comte de Beaumont. — *Eques*. Chevalier de Beaumont.

Belvacensis, pagus, Beauvoisis, (Oise).

Belna. Beaune, ville de Bourgogne.

Belnensis, de Beaune. V. *Belna*.

Belsia. La Beausse, contrée de France entre Paris et l'Orléanais.

Benalgiæ, Bénaugensis pagus, Benauges (Bordelais).

Bencor ou *Bencorense cœnobium*. Bencor ou Benchor, abbaye de la Province d'Ultonie en Irlande.

Beneardus. Lescar, ville épiscopale du Bearn. — Le Bearn, contrée de Gascogne.

Beneventum. Bénévent, ville du royaume de Naples.

Sancti Benigni Monasterium. Saint-Benigne à Dijon.

Bennepolis. **V.** *Hildesia.*

Beorritani, orum. Le Bigorre, contrée de Guienne.

Bercetum. Berzet *ou* Berzeto, ville et abbaye au diocèce de Parme en Italie.

Bercheria. Barckshire. Entre Oxford et Ultonie, en Angleterre.

Bergea. Bergues en Flandres. — *Sancti Vinoci,* Bergues S. Vinoc.

Bergoias, atis. Bergoiate *ou* S. Andeole, bourg en Vivarais.

Bergomum. Bergame, ville épiscopale en Lombardie.

Berhæa et *Beræa.* Berée, ville épiscopale en Macédoine, ville épiscopale en Syrie.

Berravensis, pagus, Barrou; en Touraine.

Bertaldicurtis. Bertaucourt, abbaye de filles entre Amiens et Abbeville.

Bertunum. **V.** *Sanctæ.*

Bervicus. Barvich, en Écosse.

Berythus. Berythe, ville de Phénicie.

Bessi, orum. Les Besses. Peuples de Thrace, vers le mont Hœmus.

Besua. Bese, rivière et abbaye en Bourgogne.

Beveris et *Bibara.* Bievre, petite rivière qui se rend dans la Seine à Paris.

Bibrax. **V.** *Brennacum.*

Bicurgum. Erford, ville épiscopale de Turinge en Allemagne.

Biducasses, ium. **V.** *Bajocæ.*

Bieria, pays, forêt de Bierre en Gâtinais.

Bigerrianes, num et *Bigerritani, orum.* **V.** *Beorritani.*

Billomagus et *Billiomum.* Billom, petite ville d'Auvergne.

Billubercum. Billubec, en Vesphalie.

Binchium. **V.** *Bintium.*

Bingium. Bingen, ville du bas Palatinat du Rhin. — **V.** *Bintium.*

Bintium. Binche *ou* Bins, petite ville du Hainaut.

Biora. Biore, en Irlande.

Bioverensis, de S.t-Lo (Manche).

Bisuntio. Besançon, ville archiepiscopale du Comté de Bourgogne.

Biterræ, arum. Besiers, ville épiscopale du bas Languedoc.

Biterrensis, m. f. *se.* n. *is* de Beziers.

Bithynia. La Bithynie, contrée de l'Asie mineure.

Bituricæ, arum. Bourges, ville archiépiscopale et capitale du Berry.

Bituricensis. m. f. *se.* n. *is*. De Bourges.—Du Berry. — *Pagus*. V. *Bituriges*. — *Urbs*. V. *Bituricæ*.

Bituriges, gum. Le territoire de Bourges.—Le Berry.

Blandinensis, m. f. *se.* n. *is*. De Blandin, de S. Pierre de Gand.

Blandinium. Blandin, à présent, S. Pierre de Gand, dans les Pays-Bas.

Blanziacum. Blangy en Artois.

Blansilium, Blesle, abbaye de filles au Diocèse de S. Flour.

Blavia et Blavutum. Blaye, ville de Guienne.

Blesæ, arum. Blois, ville, à présent, épiscopale sur la Loire.

Blesensis, m. f. *se.* n. *is*. De Blois.

Bliterræ, arum. V *Biterræ*.

Boatæ, et *Boatium civitas*. V. *Aquæ tarbellicæ*.

Bobacum. V. *Bodanum*.

Bobæ-ambianorum. Boves, village près d'Amiens.

Bobium. Bobbio, ville épiscopale entre la Ligurie et le Milanez, en Italie.

Bocanum Hemerum. Marroc, ville capitale du royaume de même nom, en Afrique.

Bodanensis, m. f. *se.* n. *is*. de Beuvoux, etc. V. *Bodanum*.

Bodanum. Beuvoux, Beuvous, Bodon, Le Val

Bannez, *ou*, le Val-Benoît, au diocése de Sisteron, en Provence.

Bodminia. Boodmunster, dans la province de Cornouaille, en Angleterre.

Bodonis Monasterium. Bodon-Munster, Bodouvilliers, Bodonville *ou* Bousonville, abbaye et bourg en Lorraine.

Baotia. La Beotie, province de Grèce.

Bogadium. Fritzlar, ville du pays de Hesse en Allemagne.

Bohemia. La Bohême, royaume entre la haute Saxe, la Hongrie, l'Autriche et la Bavière.

Boloniensis Pagus, pays de Bologne, en Champagne.

Boniti fanum. S. Bonet, petite ville du Forez près de la haute Auvergne.

Bonna ou *Julia Bonna.* Bonn. *ou* Bonne-Ville, du diocése de Cologne.

Bononia. Bologne *ou* Boulogne, ville archiépiscopale de la Romagne, en Italie.—Boulogne, ville épiscopale de la basse Picardie.—Bodon en Mysie.

Bononiensis, m. f. *se.* n. *is.* De Boulogne.

Bormetomagus. V. *Wormacia.*

Boslavia. Bunczel, ville de Bohême.

Boslaviensis; m. f. *se.* n. *is.* De Bunczel.

Bovæ, arum. V. *Bobæ.*

Brabantia. Le Brabant, tout le pays entre l'ancienne basse Austrasie et la Frise.

Brabantini, orum. Les Peuples du Brabant.

Braccara, Braccara-Augusta et *Brachara.* Brague, ville métropole de la Galice, autrefois en Espagne, à présent en Portugal.

Bracarensis, ou *Bracharensis,* m. f. *se.* n. *is.* De Brague.

Brachbantum. V. *Brabantia.*

Brachmanes, num. Les Brachmanes, les prêtres des Idoles dans les Indes Orientales.

Brahica. Brabic, à present, Ray en Ponthieu, dans la basse Picardie.

Brahicensis, m. f. *se.* n. *is.* De Ray. — *eremus.* Le Désert de Ray.

Braia. V. *Arcus.* —— *Comitis.* Brie-Comte-Robert, petite ville de la Brie.

Briacensis, m. f. *se.* n. *is.* De Brou.

Briacum, et *Braiorum-Castrum.* Brou, monastère au Perche.

Braïnum et Bracius, le Bray, pays en Picardie.

Brasilia. Le Brésil, grande contrée de l'Amérique méridionale.

Bravium, et *Bravum.* Burgos, ville épiscopale de l'Espagne Taraçonnoise, à présent, de la vieille Castille.

Brecæ-castrum. Broye au diocèse de Troies en Champagne.

Bredenerda Terra, pays de Teroanne (Pas-de-Calais).

Bredo in Valle Vebronâ. Brou *ou* Bron, à présent, S. Rambert, au pays de Bugey, en Bresse.

Brema. Breme, ville archiépiscopale et impériale, dans la basse Saxe.

Brennacum. Braine, petite ville du Senonois.— S. Michel en Brenne, au diocèse de Tours.— Berney en Saintonge.

Breonensis, *pagus*, Briennois (Aube).

Brenensis, *id.*

Brexia. V. *Brixia*

Bria, et *Briegium.* V. *Brigia.*

Brienno. Brinon, terre entre Joigny et S. Florentin, au diocèse de Sens.

Briennonensis, m. f. *se.* n. *is.* De Brinon.

Brigantia. Bragance, ville en Portugal.

Brigantio. Briançon, ville du Dauphiné.

Brigensis, m. f. *se.* n. *is.* De la Brie.

Brigia. La Brie, contrée de France, entre la Seine et la Marne.

Brigiosum. Briou, en Poitou.

Brigius saltus. La forêt de Crecy en Brie.

Brila. La Brille, en Hollande.

Brincolæ, arum et *Brinonia.* Brignole, petite ville de Provence.

Brioci fanum, et *Briocum.* S. Brieu, ville épiscopale et maritime de la basse Bretagne.

Briona ou *Breona.* Brienne *ou* Brenne, canton en Champagne.

Briona et *Brionis saltus.* Brenne, canton du Berry vers la Touraine.

Burnensis, pagus. Le Born. Gascogne (Landes).

Broagiensis ager, le Brouageais (Charente-Inférieure).

Broliacensis, de Brullioles (Rhone).

Briocensensis, le Brio (Deux-Sèvres).

Brionnensis Ager. Brionnais, Bourgogne.

Brissa, la Bresse, (Ain et Saone et Loire).

Briossium. V. *Brigiosum.*

Briovera. S.-Lo, ville de Normandie.

Brisiacum et *Brisacum.* Brisac *ou* Brissac, ville de l'Alsace, —S.-Ambrois-de-Bourges.

Brisigavia. Brisgavv, canton de l'Alsace.

Britanni, orum. Les Anglais, les peuples d'Angleterre, les peuples de la Grande-Bretagne.

Britannia. La Bretagne, province de France. — *Major.* La Grande-Bretagne, l'Angleterre. V. *Anglia.*

Britolium. Bréteuil, bourg et abbaye au diocèse de Beauvais.

Britones, num. Les anciens Bretons, les peuples de l'ancienne Bretagne en France.

Briva-Curretia. Brive-la-Gaillarde, ville du Limousin *Briva-Isaræ.* V. *Pons-Isaræ. Briva-Sennæ.* V. *Bruxellæ.*

Brivæ, arum. Brives, village dans le Berry.

Brivas, atis. Brioude, ville d'Auvergne.

Brivatensis, m. f. n. *is.* De Brioude.

Brixia. Bresce, ville de Lombardie.

Broagiensis, ager. Le Brouageais (Charente-
Inférieure).

Broburgus. Brobourg, Brovebourg, Brodebourg,
et Bruchbruch, petite ville de Flandre, près
de Gravelines.

Brocæ, arum, et *Brocum.* V. *Bredo.*

Brogaria. Brières, au diocèse de Paris, près
de celui de Versailles.

Brogilum. Broli, au diocèse de Troies en Champagne. — V. *Broilus.* —— *Brigensium* et *Broi-
lum.* Breuil, à présent S.-Fiacre, près de Meaux
en Brie. — — *Grolandi.* Boi-Grolland, abbaye
au diocèse de Luçon. —— *Trecensium.* S.-Mes-
mier, en Champagne.

Broilus. Bruel, abbaye dans l'ancien diocèse de
Térouenne, entre l'Artois et la Flandre.

Brolacensis, de Brullioles (Rhône).

Broniolacum. V. *Brincolæ.*

Bronium. Brogne, abbaye, près de Namur.

Broniensis. m. f. *se* n. *is.* De Brogne.

Brugæ, arum. Bruges *ou* Brugge, ville épiscopale
en Flandre.

Brundusium. Brindes, ville métropole de l'Otrante, au royaume de Naples.

Bruttii, ornm. Les Bruttiens, peuples de l'ancienne Calabre.

Bruxellæ, arum. Bruxelles, ville épiscopale, et
capitale du duché du Brabant.

Bruzziæ V. *Brugæ.*

Buda. Bude, ville capitale du royaume de Hongrie.

Budensis, m. f. *se* n. *is.* de Budes.

Budica, et Bodec, église collégiale près de Paderborn en Allemagne.

Budizensis, et Buditiensis, m. f. *se* n. *is.* De Bodec.

Burbo-Anselli. Bourbon-Lançy, en Bourgogne.

Burbo-Ercqnvaldi. Bourbon-l'Archambaut, en Bourbonnois.

Burbonenses, ium. Le Bourbonnois, contrée de France entre le Nivernois, l'Auvergne et le duché de Bourgogne.

Burdegala et *Burdigala*. Bordeaux, ville métropole et capitale de la Guienne.

Burdegalensis et *Burdigalensis,* m. f. se n. *is*. De Bordeaux.

Burgi V. *Bravium*.

Burgidolum. Bourgdieux, abbaye et bourg en Berry.

Burgidolensis , m. f. *se.* n. *is*. Du Bourg-dieux.

Burgivallis. Bougival, au diocèse de Paris.

Burgum-Sancti-Domnini. Borgo-San-Domnino, entre Parme et Plaisance en Italie.

Burgundia. La Bourgogne, duché et province de France entre la Champagne, le Nivernois, le Beaujollois, et la Franche-Comté.

Burgundicus, a, um. De Bourgogne, qui est de Bourgogne.

Burgundiones, num. Les Bourguignons, les peuples de Bourgogne.

Burgus-Paulini. Le Bourg-S. Paulin, *ou simplement* le Bourg, petite ville de Guienne.

Burnensis Pag. Le Born. Gascogne (Landes).

Burum Bures-sur-Dive, diocèse de Bayeux.

Busciacum et *Busciacus in pago sagonensi* Boisselière, bourgade et ancien monastère dans le Sonnois au Maine.

Buscogentia. Boigency, en Provence.

Buxentum. Policastro, ville de l'ancienne Lucanie, à présent, de la Basilicate en Italie.

Buxidum. V. *Busciacum*.

Bysantium. Byzantinus, etc., V. *Constantinopolis,* etc.

C

Cabaliaci, orum. Le Chablais, petite province de Savoie, entre le lac, le pays de Genêves et le Valais.

Cabellica urbs et Cabellio. Cavaillon, ville épiscopale au Contat-Venaissin, sur la Durance.

Cabillo et Cabillonum. Challon-sur-Saône, ville épiscopale en Bourgogne.

Cabillonensis, m. f. *se.* n. *is.* De Challon - sur-Saône.

Cadomus. Caen, ville en Basse-Normandie.

Caduinum et Cadunium. Cadoin *ou* Cadouin, abbaye dans le haut Périgord.

Cadurci, orum et Cadurcum. Cahors, ville épiscopale et capitale du Quercy. *Cadurci, orum.* Le Quercy, contrée de France entre le Languedoc, l'Auvergne et le Périgord.

Cadurcensis et Cadurcinus, a, um. De Cahors, — du Quercy. *Cadurcenses, ium.* Les habitans de Cahors. — Le Quercy. *V. Cadurci.*

Cæsar-Augustanus. a, um. De Sarragosse.

Cæsarea-Augusti. V. Anazurbum. Cœsarea Cappadociæ. Cesarée en Cappadoce, ville métropole de la province du même nom en Asie. — *Philippi.* Cesarée de Philippe, autrefois, Laïs, et ensuite, Dan, ville de la haute Galilée en Palestine. — *Palestinæ.* Cesarée en Palestine, autrefois, la Tour de Straton, et ensuite, Apollonie, ville maritime et métropole aussi en Palestine. — *Mauritaniæ.* Cesarée, autrement, *Jol* ou *Julia,* ville maritime d'Afrique. — *Bithimiæ.* Cesarée en Bithynie, ville de la province de même nom en Afrique. — *Augusta.* Carragosse ou Sarragosse, ville épiscopale, et capitale de l'ancien royaume d'Arragon en Espagne.

Cæsariensis. m. f. *se.* n. *is.* De Cesarée en Cappadoce.

Cæsarianum. S. Cassien en Toscane.

Cæsaris-insula. — *Verda.* Keiserswerd, ville du diocèse de Cologne, sur le Rhin.

Cæsarodunum. V. *Turo Cæsaromagus.* V. *Bellovacum.*

Caieta. Gaiete, ville maritime de la Terre de Labour en Italie.

Caino. Chinon, petite ville de la Touraine.

Cala. Chelles, abbaye de filles vers le levant de Paris, sur la Marne.

Calabria. La Calabre, province du royaume de Naples en Italie.

Calacta. S. Marc, en Sicile.

Caladia. La Chalade, abbaye, au diocèse de Verdun.

Calagurris. Calahorra, ville de la vieille Castille en Espagne.

Calama. Calame, ville de Numidie.

Calami, orum. Chaumes, bourg dans la Brie.

Calaris. Cagliary *et* Caillary, ville métropole de l'île de Sardaigne.

Calaroga. Calaruega, bourg au diocèse d'Osma, dans la vieille Castille en Espagne.

Calarona. Glaris, ville de l'un des treize cantons des Suisses de même nom. — Chalarme, rivière au pays de Breste et de Dombes.

Calcedon. Calcedoine, ville autrefois métropole de Bythinie, vis-à-vis de Constantinople.

Calcedonensis, m. f. se. n. is. De Calcédoine.

Calcegium et Calciacum ad Ittam. Chaucy-sur-l'Epte, dans le Vexin.

Calderacum. Caus en Poitou.

Calderiacum. Caudry en Cambresis.

Calensis, m. f. se. n. is. De Chelles. V. Cala.

Calesiensis Pag. Pays de Calais (Pas-de-Calais).

Caletes, tum. Le pays de Caux. Contrée en Normandie.

Calidobecum. Caudebec, ville de Normandie.

Callidianum. Caillan, au diocèse de Frejus.

Callogelum. Chaillot, aux faubourgs de Paris.

Calossia, Chalosse, en Gascogne.

Calmæ, arum. V. *Calami.*

Calmeniacum et *Calminiacum monasterium.* Carmery *ou* Monastier S. Chafre, abbaye au diocèse du Puy-en-Vellay.

Calnacum. Chaunay, près de Sanzay en Poitou.

Calniacum. Chauny, dans le gouvernement de l'île de France.

Calvomontensis Pag. Le Chaumontois (pays) (Haute-Marne).

Calvomontium. Chaumont, nom commun à plu·sieurs lieux.

Camaldulensis, m. f. *se.* n. *is.* Des Camaldules qui les concerne. *V. Casa Malduli. Camaldulense institutum.* L'ordre des Camaldules.

Camaracum. V. *Cameracum.*

Camaria. La Camargue (Bouches du Rhône).

Cambidobra. Combronde, petite ville et abbaye de la Basse-Auvergne.

Cambidobrensis, m. f. *se.* n. *is.* De Combronde.

Cambo. Chambon *ou* Combraille, dans l'Auvergnat. — S. Jût en Berry.

Cambria. V. *Wallia.*

Camelaria. Chamaliere, abbaye, et ensuite chapitre canonial, près de Clermont en Auvergne.

Camera. La Chambre *ou* la Cambre, abbaye près de Bruxelles, aux Pays-Bas.

Cameracensis, m. f. *se.* n. *is.* De Cambray. V. *Cameracum.*

Cameracesium. Le Cambresis, pays situé entre l'Artois, la Picardie, et le Hainaut. Cambray en est capitale.

Cameracum. Cambray, ville métropole et capitale du Cambresis aux Pays-Bas. — — *ad Carentonam.* Chambray, en Normandie.

Cameriacum. Chambéry, capitale de Savoie.

Camliacensis Pag. Chambly, Vexin Français (Oise).

Campania. La Campanie *ou* la terre de Labour, province d'Italie, au royaume de Naples.—La Champagne, province de France.

Campaniacum, in Briossio territorio. Champagné-de-Briou, près de Poitiers.

Campellense Monasterium etc.

Campelli-Brigiorum. Champeaux, autrefois, monastère, ancien chapitre de Chanoines près de Melun. *De Campellis.* De Champeaux. *Campelli-Atuariorum.* S. Léger-en-Bese, au diocèse de Langres.

Campidobrum. S. Pourçain, ville et prieuré, autrefois, abbaye en Auvergne. V. *Cambidobra.*

Campidona. Cambden, abbaye en Allemagne.

Campus bonus. Chambon, au diocèse de Nantes en Bretagne. — *rotundus.* Cardone *ou* Cardout, en Catalogne. — Champrond au Perche. — *Solidanus.—Subitaneus.* Champsoudain-Monastère au pays de Caux en Normandie.

Canadium Chonad, ville de la Haute-Hongrie.

Candelium. Candiel, abbaye au diocèse d'Alby.

Candia. V. *Creta.*

Candidinense Monasterium, Candelin. Champdain *ou* Chantoen, monastère de filles au diocèse de Clermont en Auvergne.

Canelata. S. Florent, en l'île de Corse.

Canopus. Canope, à présent, Bochir *ou* Bichieri, ville de Basse-Égypte, près de l'une des bouches du Nil.

Cantaber, bra, brum. Basque, de Biscaïe.

Cantabria. La biscaïe, province de Navarre, entre la France et l'Arragonnois en Espagne.

Cantabrigia. Cambridge, ville sur la rivière de Grant en Angleterre.

Cantii, orum. Les Cantiens, peuples d'un des anciens royaumes en Angleterre.

Cantipratum. Cantimpré , abbaye au diocèse de
  Cambray.
Cantobenne. V. *Candidinense.*
Cantuaria. Cantorbery, ville métropole en Angle-
  terre.
Cantuariensis, m. f. *se.* n. *is.* De Cantorbery.
Capelli-Domni-Giselonis. La Chapelle-Dan-Gil-
  lon, entre Aubigny et Boisbelle, en Berry.
Cappadocia. La Cappadoce, province d'Asie.
Cappadox, ocis m. f. ; qui est de Cappadoce.
Capria. La Chevrie (Seine-et-Oise).
Caprimontium. Kivremont en Brabant.
Caprosia. Chevreuse, en Josas, diocèse de Paris.
Captinacum ou *Captiniacum.* Cadonat en Rouer-
  gue.
Captunacum. Chatou, près de Paris.
Capua. Capouë, ville du royaume de Naples en
  Italie.
Caput-phari. Cadefare, à Gennes. — *Villæ.* Cha-
  ville, près de Paris.
Caralis V. *Calaris.*
Caranto magus et *Carantomus.* Charanton, ab-
  baye de filles en Bourbonnais, près du Berry.
Caravallis. Caravalle, abbaye, près de Milan en
  Italie.
Carbonacum. V. *Corbonacum.*
Carcassum. Carcassonne, ville épiscopale du Lan-
  guedoc.
Carcassonensis, m. f. *se.* n. *is.* De Carcassone.
Carento. Charenton, près de Paris.
Carentonus-Vicus. Carentan, lieu de la Basse-
  Normandie au diocèse de Coutance.
Carilephi monasterium. Saint-Calés, abbaye au
  Maine.
Carilocus. V. *Carustocus.*
Caintensis Pag. Pays de Créans (Sarthe).
Carisiacum. Quiercy *ou* Kiersi-sur-l'Oise, palais
  des rois de France.

Carmona. Carmone, monastère de Séville en Espagne.

Carmonensis, m. f. *se.* n. *is.* De Carmone.

Carniacensis. La Charnie, contrée du Maine.

Carnotum, Carnutæ, arum. Carnutes, tum : et

Carnutum. Chartres, ville épiscopale de la Beausse. *Carnutes, tum.* Le pays Chartrain.

Carnotensis et *Carnutensis,* m. f. *se.* n. *is.* De Chartres. — *Ager.* Le pays Chartrain; d'autour de Chartres; le territoire de Chartres.

Carobriæ, arum. Le mont S.-Outrille, *et mieux,* le mont S.-Austregisile, en Berry.

Caroli-Locus. Charlis *ou* Charis, monastère près de Senlis.

Calossia, Chalosse en Gascogne (Landes).

Carolopolis. V. *Compendium.*

Carolostadium. Harlstad, près de Nicoping en Danemark.

Carpentoracte, es. et *Carpentorax, acis.* Carpentras, ville épiscopale en Provence.

Carpentoractensis, m. f. *se.* n. *is.* De Carpentras.

Carrodunum. Cardon, sur la Moselle, diocèse de Trèves.

Carroffium et *Carroffinium.* Charroux, abbaye en Poitou.

Carthagiensis, m. f. *se.* n. *is.* De Carthage.

Carthago. Carthage, ville de la province proconsulaire d'Afrique. —— *nova.* Carthagène, ville épiscopale de l'ancien royaume de Murcie en Espagne.

Carthusia et *Cartusia.* Chartreuse, bourg et monastère en Dauphiné; chef d'ordre dans le diocèse de Grenoble.

Carthusiani et *Cartusiani, orum.* Les Chartreux. Ordre de moines dont S. Bruno est fondateur.

Cartifatensis Pag. Pays de Carlat (Cantal).

Cartodorum. Chartreuse, abbaye près de Château-Thierry.

Carvanna. Carvenne, Lantcarvan *ou* Catoie, monastère proche de la mer, dans le diocèse de Galles, en Angleterre.

Caruslocus. Charlieu *ou* Cherlieu, autrefois abbaye, à présent prieuré dans le Beaujolais.

Carya. Carye, ville du Péloponèse.

Casa-ad-Mare. Casemar, village à trois lieues de Ravennes en Italie. — *Aurea.* Casaure, abbaye dans la Pouille en Italie. — *Congedunum* et *Casæ-Congidunus.* Cougnon, monastère au pays de Luxembourg. *Casa-Dei.* La Chaise-Dieu *ou* Cheze-Dieu, abbaye en Auvergne. — *Malduli.* Camaldule *ou* Camaldoli, monastère au diocèse d'Arezzo, sur les confins de la Toscane, et de la Romandiole en Italie.—*Nova.* Case-Neuve, abbaye de l'Abbruzze en Italie.

Casilucium. Caylus, en Normandie.

Casonicus. Cathonicus ager. Carmaing (Haute-Garonne).

Caspalium ou *Caspaliana possessio.* Gaspaliane, village d'Afrique près d'Hyppone.

Casssiani Ecclesia. L'église de S. Cassien d'Antioche.

Cassinates monachi. Les moines du Mont-Cassin.

Cassinense monasterium. Le Mont-Cassin, montagne, ville et abbaye dans la terre de Labour, au royaume de Naples en Italie.

Cassinogilum. Chasseneuil, en Agenois.

Cassinus mons et *Castrum.* V. *Cassinense.*

Castanetum. Chastenay, nom commun à plusieurs lieux.

Castella. Castille, province d'Espagne. — *Vetus.* La Vieille-Castille. — *Nova.* La Nouvelle-Castille.

Castellio de Piscariâ. Chatillon, ville de Toscane.—*Castellio*, nom commun à plusieurs lieux.

Castellodunum V. *Castrum-dunense.*

Castellum Synicense. Synice, ville près d'Hyppone, en Afrique.—— *Arrianarum*. V. *Castrum novum Arrii*.—*Cameracense*. Cateau Cambresis, aux Pays-Bas. *Cherchez* Castrum, *l'un se met souvent pour l'autre.*

Castra, orum. Castres, ville épiscopale du Languedoc sur la rivière d'Agout.—Châtres, petite ville du diocèse de Paris sur le chemin d'Orléans.—La Châtre en Berry.

Castrensis, m. f. *se*. n. *is*. De Châtres.

Castricensis Pag. Pays de Mezières et Donchery (Ardennes).

Castri-locus et *Castrilucius*. Mons, ville du Hainaut.

Castritiæ, arum. Chatrices, abbaye au diocèse de Verdun.

Castrum. V. *Cestria*.—V. *Castra*. Châtres. —*Acharii*. Château-l'Archer près de Poitiers.—*Albintimelium*. Vintimille, ville de la côte de Gênes dans l'ancienne Ligurie.—*Alionis*. Chatelaillon, au diocèse de la Rochelle.—*Annemundi*. Saint-Chaumont, ville du Lyonnais. — *Argentomagum*. V. *Argentomagum*. — *Briniolacum*. Bruguoles en Provence. — *Britonum*. Dun-Britton, ville d'Écosse. —*Censurii*. Château-censoir, vers Coulange-sur-Yonne. —*Caninum*. Château-Chinon, au diocèse d'Autun. — *Dunense*. Chateaudun, ville principale du comté de Dunois en Beausse. — *Fredelacum*. S. Antonin, ville de Rouergue, sur les limites du Quercy. — *Gordonis*, à présent, S. Satur *ou mieux* S. Satyre, près de Sancerre en Berry. — *Gredonense*. Greze, place fortifiée du Gevaudan. --*Gualtarii*. Château-Gontier, nom commun à plusieurs lieux.—*Guntarii*. Château-Gontier, en Anjou. — *Heraldi*. Chatelleraud en Poitou. — *lidi. — ad lædam.*—*Liderici*. Château-du-Loir, au pays du Maine. — *Lini*. Chateaulin, près de Quimper en Bretagne.—*Marcianum*. Château-

Marçay, vers les Alpes. — *Martini.* Kermartin,
au diocèse de Tréguier. —*Nantonis* ou *Nantonen-
se.* Château-Landon, en Gatinois. —*novum arrii.* Castelnaudary, ville du Languedoc. — *novum ad-Isaram.* Château-Neuf en Dauphiné.—
Octavianum. Saint-Cucufat, ville de Catalogne,
diocèse de Barcelonne.—*Radulfi.* Château-Roux
en Berry. — *Ragenardi.* Château-Renard en Gatinois.—*Rotundum.* Château-Redoud, près de la
ville de Digne en Provence. — *Savio.* S. Eusèbe,
abbaye, près d'Apt. — *Sedelocum.* V. *Sedelocum.*—*Theodorici.* Château-Thierry, ville de
la Brie, au diocèse de Soissons.—*Sylvanectense.*
V. *Sylvanectum.* — *Villanum.* Château-Villain,
au diocèse de Langres.

Catalacum. V. *Catelliacum.*

Catalhia. La Catalogne, province entre la France
et l'Espagne.

Catalaunensis, m. f. *se.* n. *is.* De Châlons-sur-
Marne.

Catalauni,orum. Catalaunum et *Catalaunia urbs.*
Châlons-sur-Marne, ville épiscopale de Champagne.

Catana. Catane, ville épiscopale de l'île de Sicile.

Catanensis, m. f. *se.* n. *is.* De Catane.

Catanenses ou *Catinenses*, *ium.* Les habitans de
Catane.

Catelliacum. Cadaillac, monast. dans le Limousin.

Caticantus. Cachant, près de Paris.

Catina et *Catine, es.* V. *Catana. Catinensis.* V.
Catanensis.

Catolacum. Cateuil, à ce qu'on croit, S. Denys-de-
l'Étrée, qui fait à présent partie de la petite ville
de S.-Denis en France, à deux lieux de Paris.

Catorissium. V. *Carthusia.*

Catulliacum. V. *Catolacum.*

Cava. Cave, monastère dans le royaume de Naples,
en Italie.

Cavarnia. Cavargne, vallée au diocèse de Côme, en Suisse.

Caucoliberum. Colioure en Cerdaigne, dans l'Espagne Tarragonnoise.

Cavea. Chage, abbaye à Meaux en Brie.—Chabri, abbaye en Berry.—Chaye, abbaye près de Soissons.

Cavinocensis, ou *Cavellicus.* (Comtat venaissin). (Vaucluse).

Cebennæ. Les Cevennes (Gard, Lozere, et Ardeches).

Cedinacum. Cezenac en Quercy.

Cella, Cellense monasterium et *Cella Gistelini.* Saint Guistein *ou* saint Guilain, ville et abbaye du diocèse de Cambray en Hainaut. — *Columbæ.* Columbil, île et ab. célèbre entre l'Écosse et l'Irlande.—*Eusii.* Celles *ou* Selles, *autrement,* la Notre-Dame. La Celle en Berry *et* la Celée S. Eufice, abbaye au diocèse de Bourges sur la rivière du Cher. — *Sancti Petri.* — *Sancti Frodoberti.* — *Bobini.* Celle *ou* Montier-la-Celle, abbaye aux faubourgs de Troies en Champagne. — *Darensis.* V. *Quercus.* — *Genulfi.* Celle-sur-Nahon, abbaye en Berry, sur la rivière d'Indre. — *Quercus.* Kildar, ville et abbaye en Irlande.

Cellæ, arum. Le château de Celles, près de Melun. — Celles en Berry,—nom commun à plusieurs lieux.

Cellensis Columba. V. *Cella Columbæ.*—*Cellense Monasterium.* V. *Cella Gisteni.*

Celciacum. Reauçay, au Maine (Orne).

Celsinaniæ, Celsiniæ et *Celsinianæ, arum.* Sauffilanges, Saucillanges *ou* Ceaulplange, petite ville de la Basse-Auvergne.

Cemenelium. Cimiez *ou* Cimele, ancienne ville épiscopale près de Nice.

Cenadium. V. *Canadium.*

Ceneta. Ceneda, dans la Marche Trevisane.

Cenomanensis, m. f. *se*. n. *is*. et *Cenomanus, a, um*. Du Mans.

Cenomani, Cenomanni et *Cenomanum*. Le Mans, ville épiscopale et principale du Maine.

Censorium ou *Censurium*. Censoir, au diocèse de Bordeaux.

Centula. Centule, à présent. S. Riquier, ville du Ponthieu, en Picardie.

Centum-Aulœ. Cent Sales, lieu du chemin latin près de Rome.

Ceranum. Cerine, ville épiscopale de l'île de Chypre.

Cerasium. Cerisi, abbaye au diocèse de Bayeux, en Normandie.

Ceretania. Cerdagne, contrée près du Rousillon.

Ceritania. V. *Ceretania*.

Cervus Frigidus. Cerfroi, lieu sur les confins du Valois et de la Brie, chef d'ordre des religieux Trinitaires.

Cessero. Cezeron, à présent, S. Tubery, au diocèse d'Agde en Languedoc.

Cestria. Cester *ou* Chester, ville épiscopale près de la province de Galles en Angleterre.

Cezeniacum. V. *Cedinacum*.

Chaïacensis. Ager. La Chaie en Maconnais (Saone-et-Loire).

Chalcedon. V. *Calcedon*. *Chalcedonensis*. V. *Calcedonensis*.

Chalcis, idis. Chalcide, désert de Syrie entre la Palestine, la Phenicie et la Mésopotamie.

Cherso, onis. Chersonèse. etc.—*Taurica*. Chersonèse Taurique, presqu'ile qui sépare le Pont-Euxin des Palus-Méotides, dans la petite Tartarie.

Chersonesus Chersonèse, nom commun à plusieurs presqu'iles.

Chlodoaldi fanum. V. *Clodoaldi*.

Chonœ, arum. Chones, ville de Phrygie.

Chosidena. L'Ofroëne, province de Macédoine.

Cronomum. V. *Crono.*

Chrysmatum. Saint-Vigor, monastère au diocèse de Bayeux en Normandie.

Chrysopolis. V. *Bisuntio.*

Cibalis. Cibales, ville de Panonnie.

Cicestria. Chicester, ville de Sudsex *ou* des Saxons méridionaux d'Angleterre.

Cicestriensis, m. f. *se.* n. *is.* De Chichester.

Cilicia. La Cilicie, province de l'Asie mineure.

Cilices, cum. Les Ciliciens, les peuples de la Silicie. — La Cilicie. V. *Cilicia.*

Cilix, icis. m. f. Cilicien, de Cilicie, qui est de Cilicie.

Cincillacensis, m. f. *se.* n. *is.* De Tintillant.

Cincillacum. Tintillant, ancienne abbaye en Bretagne.

Cingulo, orum. Cingoli, dans la marche d'Ancône.

Cinosa. Gnossus, ville de l'ile de Crète.

Cirtha et *Cirthensis Colonia.* Cirthe, ville de Numidie en Afrique.

Cisomagus. Chisseau, sur la rivière du Cher en Touraine.

Cisonium. Chissoing *et* Cissoing, bourg en Flandre.

Cistellensis et *Cistertiensium ,* m. f. *se.* n. *is.* De Citeaux, abbaye, chef d'ordre en Bourgogne.

Civitas-Vetus et *Centumcellarum.* Civitachia-Vec près de Rome.

Clamiciacum. Clamecy, en Nivernois.

Claravallensis, m. f. *se.* n. *is.* De Clairvaux.

Claravallis. Clairvaux, abbaye en Champagne.

Claretis monasterium de. Les Clairets, monastère de filles, près Nogent-le-Rotrou, ordre de Citeaux.

Clarofagetum. Clerfay. Abbaye près d'Amiens.

Claromontanus, a, um. De Clermont en Auver-

gne. *Urbs Claromontana.* Clermont en Auvergne.

Claromontium et *Clarus mons.* Clermont, ville
épiscopale dans l'Auvergne. — Clermont, ville
du Beauvoisis.

Clasia. Claise, rivière en Berry.

Classense monasterium et *Classis.* Classe *ou* S.
Apollinaire, monastère proche de Ravenne en
Italie.

Claudiopolis. Claudiople, ville de l'Isaurie en Asie,
— nom commun à plusieurs lieux.

Clavenna. Chavienne, au diocèse de Côme en
Suisse.

Cleonadum. Clonaad, en Irlande.

Cleichionensis ager. (Clistonais, de Clisson).
(Loire-Inférieure).

Clippiacum. Clichi, village près de Paris.

Clivia. Clèves, ville et duché dans le diocèse de
Cologne.

Clivus Scauri, partie du Mont-Cœlius à Rome, où
était la maison de S. Grégoire le grand, qui la
changea en un monastère de S. André; c'est à
présent l'église de S. Grégoire.

Clochóra. Clogher, en Irlande.

Clodoaldi fanum.—Ecclesia. S. Cloud, petite ville
près de Paris.

Cloia Claye, petite ville entre Paris et Meaux.

Cloveshoviensis, m. f. *se.* n. *is.* De Coveshaw, de
Cliffe.

Cloveshovia. Cliffe *ou* Cloveshaw, ville du pays de
Kent, en Angleterre.

Cluanum. Cluoin-mic-nois, en Irlande.

Cluniacensis, m. f. *se.* n. *is.* De Cluny *ou* Clugny.

Cluniacum. Clugny *ou* Cluny, ville et abbaye près
de Macon, en Bourgogne.

Clusium. Chiusi *ou* Quiouse, ville de Toscane.

Cociacum et *Codiciacum.* Coucy, bourg ancien au
diocèse de Laon, près de Prémontré.

Cælesyria. Celesyrie, partie de la Syrie.

Cola amnis. La riviére de Cole, au pays d'Essex en Angleterre.

Colchi, orum et *Cochinum*. Cochin, ville du Malabar dans les Indes orientales.

Coloberonense ou *Coluberonense monasterium*. Couleuvre, monastère, entre Leveurdre et Bourbon-l'Archambaut, aux confins du Bourbonnois, vers le Berry.

Columbariensis Campi. Plaine de Colmar (Haut-Rhin).

Columbariensis Ager. Colombaret, (Forez, Loire.)

Colonia, Colonia-Agrippina et *Colonia-Ubiorum*. Cologne, ville autrefois épiscopale, à présent, métropole de la Basse-Allemagne sur le Rhin. — *Colonia*. Coulonge, abbaye de filles au diocèse de Langres. — *Augusta*. V. *Nemausus*. — *Decumanorum*. V. *Narbo*. — *Julia celsa*. Celsa, bourg sur l'Èbre dans l'ancien royaume d'Arragon en Espagne. — *Julia Hispella*. Spelle, petite ville d'Ombrie en Italie. — *Julia Sutrina*. Sutry, ville du patrimoine S. Pierre en Italie. — *Julia*. Bona, ville d'Allemagne sur le Rhin près de Cologne. — *Jovaria*. Saltzbourg, ville métropole en Allemagne. — *Saturnina*. Saturnia, village de Toscane. — *Senensis*. V. *Senæ*. — *Septimanarum*. Beziers. V. *Biterræ*. — *Trajana*. Kellen, village prés de Clèves ou Keiserwerd. V. *Cæsaris insula*.

Coloniæ, arum. Coulonges, abbaye en Limousin.

Coloniensis, m. f. *se*. n. *is*. De Cologne.

Columbaria et *Columbariense monasterium*. Colombière, abbaye en Berry, près du Bourbonnais.

Columbarium Biturigum. Colmier, en Berry.

Columeriæ, arum. Coulommiers, en Brie.

Columna. La Colombe, village près d'Orléans.

Comana. Comanes, nom commun à plusieurs

lieux de l'Asie.—Ville du Pont, où mourut S. Jean Chrysostôme.

Comanensis, m. f. *se* n. *is*. De Comanes.

Combonium. V. *Cambo*.

Combralia, Combraille (pays du département de la Creuse).

Combraliœ, arum. V. *Convallia*.

Cominium. Comines, en Flandres.

Commavorum Pag. Comavois (Bourgogne et F. Comté).

Commerciacum, Commerciacenses terrœ. De Commercy (Meuse).

Comopolis. V. *Myrina*.

Compendiensis, m. f. *se*. n. *is*. De Compiégne.

Compendium. Compiégne, ville sur l'Oyse au diocèse de Soissons.

Complutum. Complute, ancienne ville épiscopale d'Espagne. On croit que Alcala-de-Henarez, ville de Castille-la-Neuve, lui a été substitué. —Abbaye située entre Galice et les montagnes de Léon en Espagne.

Compostella. Compostelle, ville épiscopale de Galicie en Espagne.

Comum. Côme, ville du Milanez en Italie.

Concha. Couenques, ville d'Espagne.

Conchœ, arum. Conques, abbaye, vers Rhodez.

Concordia. Concorde, à présent Porto-Gonaro, en Istrie.

Concurcialdum. Concressault en Berry.

Condas, atis. Condé, au diocèse de Paris.

Condate, es. Condé, Condat Cande, Cosne, Cognat, tous noms qui signifient un lieu où se joignent deux rivières. V. *Confluens*.—Cande, bourg de Touraine, où mourut S. Martin.

Condatensis, m. f. *se* n. *is*. De Cande en Touraine.

Condatisco. S. Oyend, *ou* S. Eugende-de-Joux *ou*

du Mont-Jura, *et depuis*, S. Claude, abbaye et ville en Franche-Comté.

Condomiensis Pag. Pays de Condom (Gers).

Confluens, tis. Confluent, nom commun à plusieurs lieux où deux rivières se joignent. *Confluens Sequanœ* et *Isarœ.* Confluent Sainte-Honorine, village au diocèse de Paris.

Confluentes, ium et *Confluentum.* Coblents, au diocèse de Trèves.—Combolens, à l'embouchure de l'Ar dans le Rhin. V. *Confluens.*

Confugia et *Confugium.* Caffonge, Cappung *et* Kaffungen, abbaye et petite ville en Hesse, au diocèse de Paderborn.

Coninbria. Connimbre, ville épiscopale au royaume de Portugal.

Connerthensis. De Connerth, en Irlande.

Connerthum. Connerth, ville d'Irlande.

Consoranni, orum. V. *Consuaranni.*

Constantia. Salamine, ville de l'île de Chypre.—Majune, en Palestine.—Amid *ou* Amed en Mésopotamie.--Constance, ville épiscopale sur le lac de même nom, en Allemagne.——ou *Constantiœ, arum.* Coutance, ville épiscopale, en Basse-Normandie.

Constantiensis, m. f. *se.* n. *is.* De Constance.—De Coutance.--*Pagus.* Le Cotentin, contrée de la Basse-Normandie.

Constantinopolis. Constantinople, ville de Thrace sur le Bosphore, bâtie sur l'ancienne Bysance.

Constantinopolitanensis, m. f. *se.* n. *is.* De Constantinople, du territoire de Constantinople. *Constantinopolitanus, ad, um.* De Constantinople, qui est de la ville de Constantinople.

Consuaranni, orum. Conserans. S. Licer *ou* S. Livier, ville épiscopale en Gascogne.

Convallia, ium. Combrailles, pays situé entre le Bourbonnais, l'Auvergne, la Marche et le Berry.

Convenœ, arum. Comminges *ou* S. Bertrand-de-Comminges, ville épiscopale en Gascogne.

Convenensis, m. f. *se.* n. *is.* De Comminges.

Cora. Cure en Nivernois, au diocèse d'Autun.

Corbeia major. — *Ad Suminam.* Corbie, ville et abbaye de Picardie sur la Somme. — *minor* — *nova.* Corwey, ville et abbaye de Saxe sur les limites de Wesphalie.

Corbiniacum. Corbigny *ou* S. Léonard, ville et abbaye, du pays de Morvand au diocèse d'Autun.

Corbio. V. *Curbio.*

Corbogilum. V. *Corboilum.*

Corboilensis et *Corboliensis,* m. f. *se.* n. *is.* De Corbeil.

Corboilum et *Corbolium.* Corbeil, petite ville du Hurepois au diocèse de Paris.

Corbonacum. Corbigny, en Lannois.

Corbonensis Pag. Pays de Corbon, près Mortagne (Orne).

Corcyra. Corfou, île de la Méditerranée, vis-à-vis de la Calabre

Corduba. Cordoue, ville de l'ancienne Bétique, à présent de l'Andalousie en Espagne.

Cordubensis, m. f. *se.* n. is. De Cordoue.

Cordula. Cordule, en Perse.

Corintini oppidum. V. *Corisopitum.*

Corilensis, contrée du diocèse de Séez.

Corilisus Pag. Corilensis, (contrée de l'Orne, dans les environs de Bellême du Theil, de Ceton etc).

Coriovallensis. Pays de Cherbourg (Manche).

Corinthus. Corinthe, ville du Péloponèse, dans l'Achaie.

Corisopitensis, m. f. *se.* n. *is.* De Quimper; de Cornouaille en Bretagne.

Corisopitum. Cornouaille *ou* Quimper, ville épiscopale de la Basse-Bretagne.

Cornelionis-Vallis. Pays de Cornillon. (Drôme).

Cornubia. Cornouaille, ville et contrée en Angleterre.

Cornuetum. Cornet, en Toscane.

Corsica. Corse, île de la Méditerranée, vis-à-vis de l'état de Gênes.

Cortoriacum, Cortracum et *Corturiacum.* Coutray, ville de Flandres.

Corviniacum. V. *Corbiniacum.*

Cotulosus Campus. La Crau pays, Bouches-du-Rhône.

Cotyæum. Cotyée *ou* Chiutaye, ville de la grande-Phrygie.

Coxanum. Cusan. S. Michel de Cusan, abbaye en Catalogne.

Coyacensis, m. f. *se.* n. *is.* De Coiaco.

Coyacum. Coïaco, ville de l'ancien royaume des Asturies en Espagne.

Cracoviensis, m. f. *se.* n. *is.* De Cracovie.

Cracovia. Cracovie, province de Pologne.

Crassa. La Grasse, abbaye près de Carcassone.

Credelium et *Credilium.* Creil, petite ville du Beauvoisis-sur-l'Oise.

Credo et Credonium. Craon, petite ville d'Anjou, vers la Bretagne.

Crodulium et *Creolium.* V. *Credelium.*

Creta. Crète *ou* Candie, île de la Méditerranée.

Cretensis, m. f. *se.* n. *is.* De Crète, de Candie. — *insula.* V. *Creta.*

Crisciacum-Brigensium. Cressy en Brie. — *ad Suram.* Crescy-sur-Serre, vers Pontoise.

Crispeium-Sylvanectum et *Crispiacum.* Crépy en Valois, au diocèse de Senlis.

Crispinium. Crepin, en Hainaut.

Cristogilum, Cristoilum, Cristolium et *Cristolius vicus.* Creteil, village près de Paris.

Croiciacum. V. *Croviacum.*

Crono et *Cronense monasterium.* Cournon, bourg de l'Auvergne, près de l'Allier.

Croviacum. Crouy, près de Soissons.

    Sanctœ-Crucis-Ecclesia. Sainte-Croix, à présent S. Faron, au faubourg de Meaux.

Crudatium. Cruas, abbaye en Vivarais.

Crytaferrata. La Grotte-Ferrata, abbaye près de Frascati en Italie.

Cubrœ, arum. Couvré, au diocèse de Meaux.

Cucusum. Cucuse, petite ville d'Arménie.

Cularo. V. *Gratianopolis.*

Cumulatum. Comblé, en Poitou.

Curbio. Corbion. S. Lomer-le-Moûtier *ou* Moutiers au Perche, monastère et abbaye, à présent succursale du diocèse de Séez, jadis de Chartres.

Curbionensis, m. f. *se.* n. *is.* De Corbion, de S. Lomer-le-Moûtier. (Perche) (Orne).

Curia. Coire, ville épiscopale et capitale des Grisons.

Curiensis Pag. Vabres, Rouergue (Aveyron).

Curiosolites, tum. et *Curiosolitum.* V. *Coris oppidum.*

Curobis et *Curubis.* Curube, petite ville d'Afrique, au cap de Mercure.

Curtinctum. Courtenay, en Gatinois.

Curtivilla. Courville, au diocèse de Chartres.

Curtricum. V. *Cortoriacum.*

Cusacensis Pag. De Cubzac (Gironde).

Cusantia. Cusance, prieuré en Franche-Comté.

Cyprus. Cypres *ou* Chypre, île de la mer Méditerranée.

Cyrittica provincia. La Cyrrestique, province de Syrie vers la Cilicie.

Cyrrhus ou *Cyrus.* Caron *ou* Cyr, ville de l'Euphratèse en Syrie, près du fleuve Marsias.

Cyzicum. Cyzique, sur la Propontide.

D

Dacia. La Dace, contrée des anciens Scythes, qui comprend à présent une bonne partie de la Hongrie.—*Dacia romana.* La Dace romaine, partie d'Illyrie dont la capitale était Romatiane *ou* Remesiane.

Daci, orum. Les Daces, les peuples de la Dace.

Dacor. D'Acre, abbaye dans le Cumberland en Angleterre.

Dacus, a, um. Dacien, de Dace, qui est de Dace.

Dagni Pag. Agennois, Allemans, Lot-et-Garonne.

Dalmatia. La Dalmatie, province de l'Illyrie.

Damascus. Damas, à présent Schan, ville qui était capitale de Syrie.

Damiata et *Damieta.* Damiète, ville de la Basse-Égygte.

Dani, orum. Les Danois, les peuples du Dannemarc.

Dania. Le Dannemarc, royaume au Nord.

Danubius. Le Danube, fleuve d'Allemagne.

Daphnes suburbium. Faubourg d'Antioche de Syrie. *Porta Daphnitica.* La Porte-de-Daphnée. Porte-d'Antioche, de Syrie.

Daventria. Deventer, ville d'Oswet-Issel, aux Pays-Bas-Unis.

Daventriensis, m. f. se. n. is. De Deventer.

Dea vocontiorum. Die, ville épiscopale du Dauphiné.

Dearcanum. Derçain ; dans la Momonie, en Irlande.

Dececia ou *Decetia.* Desize *ou* Dezise, petite ville du Nivernois, dans une ile de la Loire.

Decolatensis Pag. Champagne et Franche-Comté, (Haute-Saone).

Déensis. Diois. (Drome). Pays de Die.

Degnensis. V. *Diniensis.*

Dei-locus. Dilo, abbaye en Sénonnois.

Dei-valla. Duviel, abbaye au diocèse de Dax.

Delphinatus. Le Dauphiné (Isère).

Demetia. Dited, autrefois, Dimet, canton de la principauté de Galles en Angleterre.

Deodati, oppidum. S. Dié, ville de Lorraine, autrefois, abbaye. — *vicus.* S. Dié, bourg de la Beausse, sur la Loire.

Deolum. V. *Dolum.*

Depa. V. *Dieppa.*

Derbe, es. Derbe, forteresse et port de l'Isaurie.

Dervensis Ager. Moustier-en-Der (Haute-Marne).

Dervum et Dervense monasterium. Moustier-en-Der *ou* Montirendé, abbaye en Champagne.

Desiderii oppidum. S. Disier en Champagne. — *Ecclesia.* S. Didier *ou* S. Dirier en Bresse.

Desa ou *Devana.* v. *Cestria.* — *ad Donam.* Aberdone, en Écosse.

Diablentica ou *Diablintica Parochia.* Dablen au Maine.

Diablintœ. Peuples de la Mayenne, dont Jublains était la capitale.

Diana Silva. Deserve, *ou* Desœuvre (Eure et Seine-et-Oise).

Dieppa. Dieppe, ville et port de mer en Normandie.

Dinannum. Dinan, ville de Bretagne.

Dinantum. Dinant, ville de Bretagne. — Ville de Flandre.

Dinia. Digne, ville épiscopale de Provence.

Diniacensis Ager. Le Donzy. Forez. (Loire).

Diniensis, m. f. sc. n. *is.* De Digne.

Dinonantium. V. *Dionantum.*

Diocœsarea. V. *Nazianzum.*

Diogilum. Deuil, village près de Montmorençy au diocèse de Paris.

Dionantum. Dinant, ville au pays de Liége dans les Pays-Bas.

Sancti-Dionisii oppidum et *Sanctus-Dionysius.* S. Denys, petite ville à deux lieues de Paris.

Disibodi Mons. Disenberg *ou* S. Disibod, autrefois monastère au diocèse de Mayence.

Divio et *Diviodurum.* Dijon, ville principale du du-
ché de Bourgogne, à présent, épiscopale.
Divona Cadurcorum. V. *Cadurci.*
Dockum. Docking, petite ville de Frise, près de la
Rivière de Borduo.
Dodonium , Denein, ville sur l'Escaut. V. *Dono-
nium.*
Dola. Dole, en Franche-Comté.
Dolensis, m. f. *se.* n. *is.* De Dol en Bretagne. *Do-
lenses, ium.* Les habitans de Dol en Bretagne.
Dolicha. Dolique, en Syrie.
Dolum, Deols, Bourg-Deol *et* Bourgdieux, en Ber-
ry. V. *Burgidolum.*
Dolus. Dol, ville épiscopale en Bretagne. *Do-
lum monasterium.* L'abbaye de Dol en Breta-
gne.
Dombensis Pag. Dombes, principauté (Ain).
Domitiacum. Donzy, au diocèse d'Auxerre.
Domnus aper. Domévre , abbaye en Lorraine.
— *Medardus.* Dammard, près de Lagny, en Brie.
— *Martinus.* Dammartin, en Goele, près de Pa-
ris.—Dommartin, en Brie, près de Farmoutier.
— *Petrus.* Dampierre, près de Chevreuse, au
diocèse de Paris.
Donobrensis Pag. (Pays d'Auvergne).
Dononiensis, m. f. *se.* n. *is.* De Denein.
Dononium. Denein, ville et abbaye en Flandre,
près de Valenciennes.
Donoraticum. Donorage, comté en Toscane.
Donzeiensis Pag. De Donzy (Nièvre).
Dorcassinus Pag. Pays de Dreux, diocèse de Char-
tres (Eure-et-Loir).
Dorcestria. Dorcester *ou* Dorcet, ville du pays de
Sudsex, en Angleterre — Autre ville de même
nom dans le territoire d'Oxford, aussi en Angle-
terre.
Dordincum. Dourdan, au diocèse de Chartres, vers
celui de Paris.

Dordonia. La Dordogne, rivière de Gascogne.

Dordracum. Dordrect *ou* Dort, ville de la Hollande méridionale sur la Meuse.

Doricastrum. V. *Dorcestria.*

Dorogense cœnobium et *Dorangus.* Darouge *ou* S. Damarin, abbaye dans les déserts de Vosge en Lorraine, vers l'Alsace.

Dorostorium. Dorostore, en Mysie.

Dravenna. Dravenne en Brie, près de Villeneuve-S.-Georges, au diocèse de Paris.

Drepanum. Drepane *ou* Trepana en Sicile.—Hellenople en Bithynie.

Drocensis, m. f. *se.* n. *is.* De Dreux.

  Droca et Drocœ, arum. Dreux, ville du pays Chartrain.

Drogia. Druye, petite contrée du Nivernois.

Druentia. La Durance, rivière du Dauphiné.

Duacum et *Duagium.* Douay, ville de Flandre sur la Scarpe.

Dublinum. Dublin, ville métropole et capitale d'Irlande.

Dubris, is. Douvre, ville d'Angleterre, vis-à-vis du Pas-de-Calais.

Duensis Pag. Le Maconnais (Saone-et-Loire).

Ducomensis Pag. Duesmois (Côte-d'Or).

Dulcumenses, ium. Le Dormois, contrée au diocèse de Reims.

Dulcomensis Pag. V. *Dulcumensis.*

Dultingum. Donting, au comté de Sommerset en Angleterre.

Dumbœ, arum. Dombes, souveraincté en Bresse.

Dumbensis, m. f. *se.* n. *is.* De Dombes.

Dumium. Dume, ville épiscopale du royaume de Portugal.

Duncaredum. Donchery, près de Sedan en Chalonnois.

Dunelmum. Durhan, ville du Northumberland en Angleterre.

Dunensis Pag. Le Dunois, pays de Chateaudun (Eure-et-Loir).

Duneus, a, um. De Dune.

Dunum. Dune *ou* Down, ville de la province d'Ultonie en Irlande. — V. *Castrumdunense.*

Duo Gemelli. Les Deux-Jumeaux, ancien monastère près Bayeux (Calvados).

Duplavenis, is. Douplable, près de Trevise en Italie.

Durdincum. V. *Dordincum.*

Durgangia. Durgang *et* Turgow, solitude au pays des Suisses, près de la rivière de Thur.

Durivum. Durieu, à présent S.-Georges-de-Montaigu, monastère dans le Poitou.

Durocasses, ium. V. *Drocæ.*

Durocortorum V. *Remi.*

Dursmacha. Durmagh, abbaye en Irlande.

Durovernum ou *Durobernum.* V. *Cantuaria.*

Dyrrachium. Duras, en Macédoine.

E

Eblana. v. *Dublinum.*

Ebobiense Monasterium. Monastère de Bobbio. V. *Bobium.*

Ebora. Evora, ville métropole, au royaume de Portugal.

Eboracensis, m. f. sc. n. is. D'York.

Eboracum. Yorck, ville métropole au pays de Northumberland en Angleterre.

Eboriacum et Eboriacus vicus. Faremoutier, abbaye au diocèse de Meaux en Brie.

Eborolacum. Ebreuls, petite ville et abbaye de la Basse-Auvergne.

Ebredunum et Ebrodunum. Embrun, ville métropole en Dauphiné.

Ebredunensis, m. f. sc. n. is. D'Embrun.

Ebriacus. V. *Eboriacus.*

Ebroicæ, arum. Evreux, ville épiscopale en Normandie.

Ebroicensis, m. f. *se. n. is.* D'Evreux.

Eburovices, cum. V. *Ebroicæ.*

Ecæ, arum. Eques, ville de la Pouille, en Italie.

Ecolisina et *Ecolisma.* V. *Inculisma.*

Ecubatensis. D'Ecouves, forêt (Orne).

Edenburgum. Edimbourg, ville capitale d'Écosse.

Edessa. Edesse, ville de la province d'Osroênes en Mésopotamie.

Egæ, arum. Eges, en Cilicie.

Egolisma. V. *Inculisma.*

Eguvium. V. *Eugubium.*

Eiloha. L'abbaye de Fulde, entre le pays de Hesse et la Franconie, en Allemagne.

Elapla. V. *Illipulis.*

Elaver, eris. L'Allier, rivière de l'Auvergne et du Bourbonnois, en France.

Electa. Aleth, ville épiscopale dans le Languedoc.

Elena. Elne, en Roussillon.

Elephantia et *Elephanticum.* Elvange *ou* Elwangen, ville et monastère en Souabe, sur la rivière de Jaxt.

Eleuteropolis. Eleuterople, en Palestine.

Eleutheropolitanus, a, um. D'Eleuterople.

Eliberis. Elvire, ville de l'ancien royaume de Grenade en Espagne.

Eliberitanus, a, um. D'Elvire.

Elno, Elnone et *Elnonense - Monasterium* S.-Amand, ville et abbaye de Flandre sur la Scarpe, dans le territoire de Tournay.

Elnonensis Pag. Pays d'Elnes (Pyrenées orientales).

Elusa. Eause, ville autrefois épiscopale, en Gascogne.

Eluso. Elsone *ou* Alzone, près de Toulouse, sur la route de Carcassone en Languedoc.

Emelicum. Emeley, en Irlande.

Emerita. Merida *ou* Meride, ville de l'Estramadure en Portugal.

Emeritensis, m. f. *se.* n. *is.* De Mérida.

Emessa ou *Emisa.* Emase, à présent Hemz, ville de Phénicie ou de la Haute-Syrie entre Laodicée et Aréthuse.

Engeriacum. V. *Angeriacum.*

Engilenheimum, Ingelheim, ville d'Allemagne.

Engilenheimensis, m. f. *se.* n. *is.* D'Ingelheim.

Enixio et *Ensio.* Marnes, à présent S.-Jouin, abbaye en Poitou.

Epaonensis, m. f. *se.* n. *is.* D'Epaone.

Epaonum. Epaone *ou* Epaune, ville ancienne de France dont on ignore la place. On la suppose dans un endroit du Bugey sur le Rhône, qu'on croit être Yenne, au diocèse de Bellay. Epaone est célèbre par le concile national des évêques du royaume ancien de Bourgogne, qui y fut tenu en 517.

Ephesinus, a, um. D'Ephèse.

Ephesus. Ephèse, ville de l'Yonie, dans l'Asie mineure.

Epicensis Pag. Suré près Mamers (Orne).

Epicensis. De Suré (Orne), près Mamers.

Epidaurus. Raguse, ville de Dalmatie.

Epipus, Epipe, ville de Lydie.

Eposium. et *Epusom.* Yvoy *ou* Yvois, à présent Carignan, ville au diocèse de Trèves.

Epponiacum. Appoigny, en Auxerrois.

Eptaticum. Eppoch, en Souabe.

Epternacensis, m. f. *se.* n. *is.* D'Echternac.

Epternacum. Echternac *et* Echer, abbaye dans le Luxembourg sur la rivière de Sour.

Equiriæ, arum. V. *Aquiria.*

Eremus. Désert ; lieu désert; solitude. — *Ponti.* Désert dans la province du Pont.

Erfordia et *Erphesfatum.* Erford, ville de Turinge en Allemagne.

Erfordiensis, m. f. *se.* n. *is.* D'Erford.

Ernodorum ou *Ernotrum.* S.-Ambrois, en Berry.

Escha. Esche, près de Ninove, en Flandre.

Eschillensis m. f. *se.* n. *is.* D'Eschil, en Danemarck.

Etanna. Yenne, en Bugey.

Etruria. La Toscane, grande province et duché en
Italie.

Sancti-Eugendi monasterium. S.-Oyend, monastère au diocèse de Lion. V. *Eondatisco.*

Eugubium. Eugubbio *ou* Gabbio, ville épiscopale
du duché d'Urbin en Italie.

Euphratensis Syria et *Euphratesia provincia.*
L'Euphratése *ou* la province Comagène , province de Syrie.

Euvrogilum. V. *Ebrolacum.*

Evahonensis, m. f. *se.* n. *is.* D'Evaux.'

Evahonum. Evaux *ou* Esvahon, en Combraille.

Evena Turonum. Vêgne, en Touraine.

Evoriacœ. V. *Eboriacum.*

Excuviœ. Ecouves, forêt près Séez (Orne).

Exoldunensis, m. f. *se.* n. *is.* D'Issoudun.

Exoldunum. Issoudun, ville du Berry.

Exquilœ. V. *Mons-Esquilinus.*

Extralania. Estrelange, au diocèse de Luçon.

Extremadura. Estramadure, contrée du Portugal.

F

FAbariœ, arum. Pfeffers et Pfevers, abbaye
entre la Suisse et les Grisons.

Fabaris. Farfa, abbaye dans la Sabine.

Fabrianum. Fabriano, ville d'Ombrie en Italie.

Fabriteria. Falvaterre, près d'Aquin, au royaume
de Naples.

Fœsulœ, arum. Fiesoli, ville de Toscane, près
de Florence.

Fagetum. Faiet, en Bavière.

Faiacus. Fai, près de Farmoutier, en Brie.

Falco. Faucon, bourg de Provence.

Sancti Facundi oppidum. Sahagun, ville de l'ancien royaume de Léon, en Espagne.

Falcoburgus. Fauquemont, dans le Limbourg.

Faldidiensis Pag. Pays de Faudoas (Haute-Garonne).

Fama augusti. Famagouste, ville de l'île de Chypre.

Fania. Faigne, canton en Thiérache.

Fanum-Martis. Fammart *ou* Fammars, en Bretagne, — autre, en Hainaut.

Farœ-Monasterium. V. *Eboriacum.*

Farne, es. Farne, petite île aux côtes du Northumberland, en Angleterre.

Fauces, ium. Fuessen, au pied des Alpes.

Faventia. Fayence *ou* Faenza, ville épiscopale de la Romagne, en Italie. — V. *Barcino.*

Favorium. Foure, près Dublin, en Irlande.

Felsina. Boulogne, en Italie. V. *Bononia.*

Fenolitensis Pag. Pays de Fonouilledes (Pyrennées orientales).

Ferrariœ, arum. Ferrières, abbaye en Gatinois, *appelée auparavant* Bethléem. — Ferrare, ville épiscopale et capitale du duché de même nom, entre le Bolonois et la Toscane, en Italie.

Ferrariensis, m, f. *se.* n. *is.* De Ferrares, en Italie, de Ferrières, en Gatinois.

Ferrariense cœnobium Bethleemit anum. Ferrières. V. *Ferrariœ.*

Fesulanus, a, um. De Fiésoles *ou* Fiésoli, en Italie. V. *Fœsulœ.*

Fidemiacum. Femy, abbaye, près de Guise, en Thiérache.

Fidentiacum. Fésenzac, en Armagnac.

Fidiacum. Figeac, autrefois, abbaye, en Quercy.

Fierritensis Ager. La Ferrette (Haut-Rhin).

Filiceriensis Ager. Le pays de Fougères (Bretagne). *Ile-et-Vilaine.*

Fimœ, arum et *Fines, ium.* Fimes, petite ville de Champagne, vers le Soissonnois.

Fiona. Fuinen, île de Dannemarck.

Firmitas. La Ferté, nom commun à plusieurs lieux.

Fiscale. V. *Fisciacum.*

Fiscamum, Fiscannum et *Fiscannense cœnobium.* Fécan, abbaye au pays de Caux, en Normandie.

Fisciacum. Fescau, aux confins de Picardie et d'Artois.

Fiterium. Hitero, abbaye au royaume de Navarre.

Flandri, orum. Les Flamands; les peuples de Flandre; la Flandre.

Flandria. La Flandre, grande contrée entre l'Artois, le Brabant et la Mer.

Flaviacum. Flay, Fli *ou* S. Germier-de-Flay, abbaye près de Gournay, au diocèse de Beauvais.

Flaviniacum. Flavigny, abbaye et ville en Bourgogne.

Florentia. Florence, ville métropole de Toscane, en Italie.

Florentinus, a, um. De Florence. — Florentin, qui est de Florence.

Sancti-Flori Oppidum. S.-Flour, ville épiscopale, en Auvergne. V. *Indiacum.*

Floriacense-Monasterium et *Floriacum.* Fleury, à présent S.-Benoit-sur-Loire, abbaye et bourg, au diocèse d'Orléans.

Floriacensis Pagellus. Fleurieux (Rhône).

Folcanstamum. Folsten, près de Douvres, en Angleterre.

Fons-Avellanus. Fontavelle, monastère d'Ombrie, en Italie. — *Ebraldi,* Fontevrault, *et par corruption,* Frontevau, abbaye au Poitou, vers l'Anjou. — *Joannis.* Fontaine - Jean, abbaye au diocèse de Sens. — *Rogi* ou *Drogi.* Font-Druye, abbaye ruinée en Nivernois.

Fontana-Blaudi. Fontainebleau en Gatinois.

Fontanœ, arum et *Fontanense cœnobium.* Fontaine, village en Bourgogne.

Fontanellœ, arum et *Fontanellense cœnobium.* Fontenelles *ou* S. Vandrille, au pays de Caux en Normandie. — Fontenelles, abbaye, au diocèse de Luçon.

Fontanetum. Fontenay, nom commun à plusieurs lieux. — *Propebalneolum.* Fontenay - les - Bains, près de Paris. Fontenay-le-Louvet (Orne).

Forivicus. Forvic, en Lombardie.

Formiœ, arum. Formies, ville ruinée de l'ancienne Campanie, en Italie.

Formianus, a, um. De Formies.

Forojuliensis, m. f. *se.* n. *is.* De Fréjus. V. *Forumjulii.*

Forqualqueriensis-Comitatus. Ancien comté de Forcalquier (Basses-Alpes).

Forum- Claudii. Moûtier, ville de Tarentaise, en Italie. — *Cornelii.* Immola, ville épiscopale de la Romagne en Italie. — *Julii.* Fréjus, ville épiscopale en Provence. — *Julium.* Frioul ou Friuli, ville capitale d'une contrée de même nom, en Italie. — *Livii.* Forli, ville épiscopale de la Romagne, en Italie. — *Sempronii.* Fossombrone, ville épiscopale du duché d'Urbin, en Italie.

Forum-Segusianorum. Feurs (Loire).

Fossa-Mariana. Fos (Bouches-du-Rhône).

Fossa-Nova et *Fossanovense - Monasterium.* Fosse - Neuve, abbaye dans la campagne de Rome.

Fossæpropé-Lusarcum. Fosse, à quelques lieues de Paris, près Lusarche. — V. *Fossense.*

Fossata, orum et *Fossatense-Monasterium.* — *Castrum.* Saint-Maur-les-Fossez, autrefois, abbaye, et devenue ensuite église collégiale, à deux lieues de Paris.

Fossense-Monasterium. Fosse, abbaye près de Namur.

Franbaldi-vicus.—Ecclesia. S.-Frambault ou S.-Fraimbault-de-Prières, sur Pisse (Orne), noms de différens lieux au pays du Maine ou S. Frambourgese Honoré.

Franci, orum. Les Francs; — les anciens Gaulois; — les Français. V. *Gallia.*

Francia. V. *Gallia.*

Francofordiensis, m. f. *se.* n. *is.* De Francfort.

Francofurtum. Francfort, ville de Franconie, sur le Mein, — ville du Brandebourg, sur l'Oder.

Fraxinetum-Bellovacensium. Frenot, près de Beaumont-sur-l'Oise. — *Casilininum.* Fressinet de Casal, au Mont-Ferrat. — *Luceriæ.* Fressinet de Lonzère, dans les Cevennes. — *Saracenorum.* Frenay en Provence.

Fraxini, orum. Frênes, nom commun à plusieurs lieux.

Frequentium. Frigen, ville épiscopale au royaume de Naples.

Frisia. La Frise, contrée maritime de la Basse-Allemagne.

Frisii, orum. Les Frisons; les peuples de la Frise.

Frisinga, Frixunum et *Fruxinum.* Frisingue ou Fressing, ville épiscopale de Bavière, sur le Mosac.

Frisingensis, m. f. *se.* n. *is.* De Fressing.

Fristaria. V. *Bogadum.*

Fritistarium. Fristeer, en Hesse.

Frontiacensis-Ager. Pays de Fronsac (Gironde).

Frumentosa. Fourmenteuse, ancienne ville, au diocèse de Toul, vers le Bassigny.

Fulcardi-Mons. Foucarmont, abbaye en Normandie.

Fulcinium, *Fulginium* et *Fullinium.* Foligny
ou Fuligno, ville d'Ombrie en Italie.

Fundi, orum. Fondi, ville dans la **Terre** de
Labour, en Italie.

Fura. Trevure, près de Bruxelles, **dans** les
Pays-Bas.

Furnæ, arum. Furnes *ou* Wuernes, **ville de**
Flandre, entre Nieuport et Dunkerque.

Furnus-Calcarius. Forcalquier, en Provence.

Fusciniacum. Foigny en Thiérache. — Fussenich,
au duché de Juliers, en Allemagne.

Fusæi-Pamus. Frohens en Picardie, sur la rivière d'Authie.

Fuxenses, ium. Le pays de Foix, **contrée** de
France, vers les Pyrénées.

Fuxium. Foix en Languedoc.

G

GAbalensis, m. f. *se.* n. *is.* De Javoux, — du
Gévaudan.

Gabali-Anderatum. Javoux en Gévaudan.

Gabalitani, orum et *Gabalitanus - Pagus.* Le
pays de Gévaudan, dans l'Aquitaine, entre le
Rouergue, le Languedoc et l'Auvergne.

Gabro, Gabronium, Gambro et *Gambronium.*
Javron, contrée du Maine au Nord.

Gades. Cadix, ville de l'ancien royaume d'Andalousie, en Espagne.

Gaelensis, m. f. *se.* n. *is.* Du monastère de S.-
Gael, — de S.-Mein, au diocèse de S.-Malo,
en Bretagne.

Gaeta. V. *Caieta.*

Galatia. La Galatie, province de l'Asie mineure.

Galæcia. La Galice, province et ancien royaume,
en Espagne.

Galigata ou *Galiata*. Galeate *et* Galliate, ancienne abbaye près de Ravennes, en Italie.

Galli, orum. Les Gaulois; — les Français; — les peuples de la France.

Gallia et Galliæ, arum. La Gaule; — les Gaules; — la France, royaume d'Europe le plus florissant.

Gallicanus, a, um. Des Gaules; — de France. *Gallicana natio*. La nation de France; l'un des quatre corps de la faculté des arts, laquelle fait partie de l'université de Paris. — *Auditoria*. Les écoles des Gaules.

Gallinaria. Gallinaire, Isolata d'Albinga, île de la mer de Gênes, aux côtes de la Ligurie, près de la ville d'Albenga.

Gallus, a, um. Gaulois, qui est des Gaules; — Français; qui est de France.

Gamundœ, arum. Gemond *ou* Hornbach, au diocèse de Metz en Lorraine.

Gandavensis, m. f. *se. is*. De Gand; — Gantois.

Gandavum. Gand, ville épiscopale en Flandre.

Gangra. Gangre *ou* Gangri, ville métropole en Paphlagonie.

Gangrensis, m. f. *se*. n. *is*. De Gangres.

Ganodurum. Constance en Souabe. V. *Constantia*.

Garganus-Mons. Le Mont-Gargan *ou* le Mont-S.-Ange, près de Manfredonia, dans la Capitanate, en Italie.

Gargogilum et *Gargoilum*. Gergeau, petite ville au diocèse d'Orléans.

Garumna - Fluvius. La Garonne, rivière de France.

Gaunissa. Gonnesse, près de Paris.

Gaurensis-Comitatus. Pays de Gaure (Gers).

Gavarritanus-Pagus. Le Condomois, Gaburdan, Gabarret (Landes).

Gebenna. et *Gebennensis.* V. *Geneva*, etc.

Geldria. V. *Gueldria.*

Gelduba. Geldube en Thrace, à présent aux confins de la Bulgarie.

Gellonensis, m. f. *se.* n. *is.* De S.-Guillem. V. *Vallis-Agillonis.*

Gemblacensis, m. f. *se.* n. *is.* De Gemblours.

Gemblacum, Gemelacum et *Gemelaüs.* Gemblours, Gemblou, Giblou *ou* Gibleu, abbaye en Brabant, près de Namur.

Gemeliacum, Gemeliacus-Vicus et *Gemelliacum.* Gembly *ou* Gemeliac, ville de Périgord.

Gemellœ, arum. Gemelles, en Numidie.

Gemeticensis, m. f. *se* n. *is.* De Jumièges.

Gemeticum et *Gemmiticum.* Jumièges, abbaye sur la Seine, au diocèse de Rouen.

Sancti - Gemini, *orum.* S.-Geome, prieuré en Bassigny, près de Langres.

Geminiacum. V. *Gemblacum.*

Genabum. V. *Aureliani.*

Genulfi-Oppidum. S.-Gengoul *ou* S.-Jengoux, petite ville de Bourgogne, vers le Maconnois.

Gentiliacensis, m. f. *se.* n. *is.* De Gentilly.

Gentiliacum. Gentilly, petit village ou faubourg de Paris.

Geneva. Genèves, ville autrefois épiscopale, en Savoie.

Genevensis, m. f. *se.* n. *is.* De Genèves.

Genua. Gênes, ville métropole de l'ancienne Ligurie, à présent capitale du pays nommé la Côte-de-Gênes, en Italie.

Genuensis, m. f. *se.* n. *is.* De Gênes.

Genuliacum. Genouillac, abbaye en Périgord.

Georgia. La Géorgie, région en Asie, entre la mer Caspienne et le Pont-Euxin.

Georgianus, a, um. Georgien; de Géorgie.

Geraldi ou *Gerardi-Mons.* Gerardmont ou Gramont, à présent S.-Adrien, petite ville de

Flandre, près de Gand. — *Villa*. Granville, petit village de Normandie, vers l'embouchure de la Seine.

Gerbercursis-Pagus. Gerbecourt, pays en Lorraine (Meurthe).

Gerciacum. Gercy, abbaye de filles, en Brie, au diocèse de Paris.

Geremari-Oppidum. S.-Germier, près de Castres, en Languedoc.

Germani, orum. Les Germains ; les anciens Allemans ; les Allemands. — *Germanorum-Oppidum*. V. *Goarii*.

Germania. L'Allemagne, grande contrée d'Europe, qui est le siége de l'empereur d'Occident.

Germanus, a, um. Allemand ; d'Allemagne ; qui est d'Allemagne.

Sanctus Germanus-à-Pratis.—Pratensis. S.-Germain-des-Prés, abbaye de bénédictins, à Paris.

Gerniaca - Cors. — curtis. Genicourt, près de Reims.

Gersoriacum. Boulogne en Picardie. V. *Bononia*.

Gersorium. V. *Sargiensis*.

Gerunda. Gironne, ville épiscopale en Catalogne.

Gerundentis, m. f. *se*. n. *is*. De Gironne.

Gesiencis-Pagus. Le pays de Gex (Ain).

Gesoriacus - Pagus. Le Boulonnais (Pas-de-Calais).

Geti, orum. Les Gêtes, anciens peuples dans la Thrace, vers le mont Hæmus.

Gibriacum. Givry, en Argonne de Champagne.

Gienna et *Giennum*. Jaen, ville épiscopale de l'ancien royaume d'Andalousie, en Espagne.

Girvicum et *Girvum*. Jorow, abbaye au Nortumberland, en Angleterre.

Gisteni-Cella. V. *Cella*.

Glandofoliensis et *Glannofoliensis*, m. f. *se*. n. *is*. De Glanfeuil.

Glandofolium, *Glanna* et *Glannofolium*. Glan-feuil *ou* Saint-Maur-sur-Loire, abbaye en Anjou.

Glarona. V. *Calarona.*

Glasconia et *Glasto*. Gassembury *ou* Glaston, petite ville et abbaye, au pays de Sommerset, en Angleterre.

Glannateva. Glandèves, ancien évêché en Provence.

Glastoniensis, m. f. *se.* n. *is.* De Glassembury. V. *Glasconia.*

Glomna et *Glonna* Glan, Glon *ou* S.-Florent-le-Vieux, abbaye ancienne qui avait été fondée sur la montagne de Glan *ou* Glonu, en Anjou, aux extrémités du Poitou.

Gnossii, orum. Les Gnossiens ; les habitans de Geose, en Candie.

Goa. Goa, capitale des Indes-Orientales, à la côte occidentale de la presqu'île en de-çà du Gange.

Goarii-Oppidum. S.-Gower *ou* S.-Goar, petite ville au diocèse de Trèves, sur le Rhin, près du comté de Nassau.

Gorcomenses-Martyres. Les martyrs de Gorcum, en Hollande.

Gornacum. Gournay, ville dans le Vexin Normand ; bourg de la Brie ; nom commun à plusieurs lieux.

Gortyna. Gortyne, ville de l'île de Crète.

Gortynensis, m. f. *se.* n. *is.* De Gortyne.

Gorzia. Gorzes, abbaye en Lorraine, au diocèse de Metz.

Gothi, orum. Les Goths, anciens peuples du nord.

Granata et *Granatum*, Grenade, ville métropole dans la Bétique, *ou* dans l'ancien royaume de Grenade, en Espagne.

Granatensis, m. f. *se.* n. *is.* De Grenade.

Grandimotensis, m. f. *se.* n. is De Grandmont. — *eremus*, désert de Grammont. V. *Grandis-Mons*.

Grandis. Grands *ou* Gran, ancienne ville de Lorraine, vers le Bassigny.

Grandis-Lacus. Grand-Lieu, *et mieux*, Grand-Lac, bourg et monastère, au diocèse de Nantes en Bretagne. — *Mons*. Grandmond *ou* Grammont, abbaye, chef d'ordre dans la Marche Limousine. — *Sylva*. Granselve, abbaye au diocése de Toulouse. *Vallis*. Granfel, Granvel *ou* Granvilliers, abbaye et petite ville du canton de Berue au diocèse de Bâle, en Suisse. — *Villa*, Granville, ville maritime de la Basse-Normandie, au diocèse de Coutances.

Graniciacum in Campaniâ Gallicâ. Grancey, en Champagne.

Grannonum. Granville, port de mer (Manche).

Gratianopolis. Grenoble, ville épiscopale en Dauphiné.

Gratianopolitanus, *a*, *um*. De Grenoble. — *Pagus*. Le Gresivaudan; les environs de Grenoble.

Graulidum. Grolay, nom commun à plusieurs lieux.

Gravio. Quinçay, à présent S.-Benoît-de-Quinçay, près de Poitiers.

Gravonarium. V. *Babengerga*.

Græcia. La Grèce, région d'Europe, placée entre les mers de Candie, d'Yonie, de Venise, et la Servie.

Græcus, *a*, *um*. De Grèce, qui est de Grèce.

Gredo et Castrum Gredonense. Grèze, place du Gévaudan, autrefois fortifiée, à présent village considérable du même pays.

Grimaldum. Grimaud, bourg de France (Var).

Grinnicum ou *Grassa*. Ancien évêché, en Provence (Var).

Grossetum. Grosseto, ville de Toscane, en Italie.

Grossitensis, m. f. *se.* n. *is.* De Grosseto.

Gueldria. La Gueldre, province au Pays-Bas.

Guernensis, m. f. *se.* n. *is.* De Guerne.

Guernium. Guerne, au diocèse de S.-Malo, en Bretagne.

Gummii·Castrum. Guic-Castel *ou* Vinchestre, ville du pays de Westsez, en Angleterre. — V. *Castrum.*

Gummium-Castrum. Montgommery, en Normandie.

Gundarinum. Condran, au diocèse de Noyon.

Gurgita. V. *Gorzia.*

Gurto. Gourdon, bourg et monastère au diocèse de Châlons-sur-Saone, en Bourgogne.

Gutta jugiter manans. La Goutte toujours coulante, à Rome.

H

HAbenda, Habendum et *Habundum.* Remiremont. V. *Romarici.*

Habendensis, m. f. *se* n. *is.* De Remiremont. V. *Romarici.*

Habentia. Habence *ou* Abenze, ville épiscopale de la province Proconsulaire d'Afrique.

Hadrianopolis. V. *Adrianopolis.*

Haginoum, Hainoum et *Hannonia.* Le Hainaut, comté, et l'une des provinces des Pays-Bas, entre la Flandre, le Brabant, la Picardie et l'Artois.

Hamaticensis, m. f. *se.* n. *is.* D'Hamaz, d'Hemaige.

Hamaticum. Hamaz *ou* Hemaige, abbaye en Hainault, près de Marchiennes, au diocèse d'Arras.

Hamburgum et *Hammaburgum.* Hambourg, ville à présent épiscopale, autrefois métropole, dans la Basse-Saxe, sur l'Elbe.

Hammaburgensis, m. f. *se.* n. *is.* De Hambourg.

Hannonia. V. *Haginoum.*

Hasonia. Haspengau, au pays de Liége.

Hasendrietum. Herniéd, près d'Auspach, **en** Franconie.

Hassia. Hesse, Lantgraviat, en Allemagne.

Hastopolis. V. *Hiatospolis.*

Hebdomum. La banlieue, le territoire, les environs de Constantinople, à sept mille de circonférence.

Hebocasiacus - Ager. Comtat-Venaissin (Vaucluse).

Hebromagus. Hebromage, bourg peu connu du territoire de Bordeaux, dans l'Aquitaine.

Hebura. V. *Ebora.*

Hedera. Hière, rivière de la Brie, — abbaye de filles, au diocèse de Paris.

Heidenheimensis, m. f. *se.* n. *is.* De Heidenheim.

Heidenheimum. Heidenheim, ville de Franconie, à présent de Bavière.

Helerius S. S.-Hélier dans l'île de Jersey, au diocèse de Coutances, dépendant de l'Angleterre.

Helisgangus-Pagus. Elisange, pays aux environs de Verdun (Meuse).

Hellespontus. L'Hellespont *ou* la Propontide, province de Grèce.

Helsingia. Helsingland, ville épiscopale, en Suède.

Helvetia. La Suisse, état placé entre le Rhin, le Mont-Jura, le lac de Lozane et le Rhône.

Helvetii, orum. Les Suisses; les peuples de la Suisse.

Hensio. Hension. V. *Enixio.*

Hensionensis, m. f. *se.* n. is. D'Hension, de S.-Jouin. V. *Enixio.*

Heraclea. Héraclée, dans le Pont.

Herbadillicus. V. *Herbatilia.*

Herbatilia et *Herbatilicum.* Herbauge, à présent village du territoire de Nantes en Bretagne, autrefois Herbadille, ville du même territoire.

Herbipolensis, m. f. *se*. n. *is*. et *Herbipolensis*, *a*, *um*. de Wurtzbourg.

Herbipolis. Wurtzbourg, ville épiscopale en Franconie.

Hericiensis, *Hericio*. Herisson, en Bourbonnois.

Heriensis. De Noirmoutier, voyez *Herimonasterium*.

Herifordia. Herford, en Angleterre.

Herimonasterium, *Herio* et *Herus*. Hermoutier, Nermoutier *et quelquefois* Noirmoutier, île et abbaye ancienne, aux extrémités du Poitou et de la Bretagne, vers l'embouchure de la Loire.

Herimons. Hermont, au diocèse de Paris.

Herofelda. Hirschfeldt, ville et abbaye, en Allemagne, sur la rivière de Fuld.

Hervodia. Herford, en Westphalie.

Hesium. Les Hez en Beauvoisis (Oise).

Hiastopolis. Ratisbonne *et* Regenspurg, ville épiscopale de Bavière, sur le Danube.

Hibernia. L'Hibernie *ou* l'Irlande, l'une des îles Britanniques.

Hibernus, *a*, *um*. Hibernois, originaire d'Irlande.

Hiberni, *orum*. Les peuples d'Irlande.

Hidonensis Pag. Edelina, pays en Lorraine (Moselle).

Hierapolis. Hieraple, ville de Phrygie.

Hifalgia. Hifauge, en Irlande.

Hiliriacum. Newzell *ou* S.-Hilaire-de-Mosèle, abbaye en Lorraine.

Hildesia. Hildesheim, ville épiscopale de la basse Saxe.

Hippo. Hippone, ville d'Afrique, sur la côte de la province proconsulaire. — *Regius*. Hippone, ville épiscopale d'Afrique, sur la côte maritime de la Numidie, à présent au royaume d'Alger. Cette ville a été le siége de S. Augustin.

Hipponensis, m. f. *se*. n. *is*. D'Hippone.

Hispadii Ecclesia. S. Espain *ou* S. Espin, en Touraine.

Hispal et *Hispalis.* Seville, ville métropole de l'Andalousie, en Espagne.

Hispalensis, m. f. *se.* n. *is.* De Seville.

Hispania et *Hispaniæ*, *arum.* D'Espagne, royaume en Europe. — Espagne, abbaye de filles, près d'Abbeville, en Picardie.

Hispellum. Spello, en Ombrie.

Holsatia. Holsace *ou* Holstein, duché au midi du Danemarck.

Homburgum. Hombourg, en Alsace.

Homburgensis, m. f. *se.* n. *is.* D'Hombourg.

Honostotum et *Hanoristotum.* Honfleur, *ou* Honfleu, ville de Normandie, à la décharge de la Seine.

Horata. Horat *ou* Houat, petite île aux environs de Vannes en Bretagne.

Hornobacum. Hornbach, au cercle électoral du Rhin.

Horreum. Oeren, abbaye de filles, au diocèse de Trèves.

Hortus - Dei. Hort-Dieu, partie des Cevennes (Ardêche).

Hoyum. Huy, dans le pays de Liége.

Hulmus, *Hulmensis.* Le Houlme, pays en Normandie (Orne).

Humolariæ, *arum.* Homblières, abbaye de filles, en Vermandois.

Hunestotum. V. *Honostotum.*

Hungari, *orum.* Les Hongrois, les peuples de Hongrie.

Hungaria. La Hongrie, royaume d'Europe, placé entre la Pologne, l'Autriche et la Servie.

Hunni, *orum.* Les Huns, anciens peuples dans la Tartarie européenne.

Huningensis Pag. Le pays de Huningues (Haut-Rhin).

Hunoldicurtis ou *Hunulficurtis*. Huncourt, Hu-
noncourt, Huoncourt *ou* Houdoncourt, bourg
et abbaye, au diocèse de Cambray, sur l'Escaut.

Huripensis, m. f. *se*. n. *is*. Du Hurepoix. V.
Maurapicum.

Hybernia. V. *Hibernia*.

Hyensis, m. f. *se*. n. *is*. De Hy. V. *Iona*.

Hyppo. V. *Hippo*.

I

Iberi, orum et *Iberia*. L'Ibérie, province au
delà du Pont-Euxin.

Iberiacum. Ivry, village près de Paris. — Petite
ville du Beauvoisis.

Ibissa. Ips en Autriche.

Icauna, l'Yonne, rivière de France, qui se jette
dans la Seine, après avoir passé par Auxerre et
Sens.

Icciodorum et *Iciodorum Avernorum*. Issoire, ville
de la basse Auvergne. - *Turonum*. Isere *ou* Iseure,
bourg de Touraine, vers les limites du Berry.

Iconium. Icone, à présent Coigny ; ville métropole de Lyaconie.

Iculisma, V. *Inculisma*.

Idonea. L'Huîne, rivière du Perche (Orne, Eure
et Loir et Sarthe), qui se jette dans la Sarthe
au-dessous du Mans

Iguvium. V. *Eugubium*.

Ilerda. Lérida, ville épiscopale de Catalogne, en
Espagne.

Ilerdensis, m. f. *se* n. *is*. De Lérida.

Illerii, orum. Illiers, au diocèse de Chartres en
Beausse.

Illiberis. Elvire, ville de l'ancien royaume de Grenade, en Espagne. — Elne, en Roussillon.

Illiberitanus, a, um. D'Elvire.

Illipulis. Niebla, ville de l'Estramadure, vers l'Andalousie, en Espagne, à présent en Portugal.

Illiturgis. Lietorg, ville épiscopale en Espagne.

Illuro ou *Olorona*. Oleron, ville du département des basses Pyrénées, ancien évêché supprimé à la révolution.

Illyria et *Illiricum* L'Illyrie, ancienne contrée considérable en Europe, dont l'Esclavonie fait actuellement partie.

Iluridensis pagus. Auvergne (Puy-de-Dôme).

Ilva. Elbe ile de la Toscane.

Imbripolis. V. *Hiatospolis*.

Inatorium. Forêt aux Loges, à présent, S. Lié. Hermitage en Beausse, au-de-ça de la Loire, au diocèse d'Orléans.

Inculisma. Angoulesme *ou* Engoulême, ville épiscopale de l'Angoumois.

Inculismensis ager. L'Angoumois, contrée de France entre le Poitou, la Saintonge, le Limousin et le Périgord.

Inda. Iude *ou* Corneli-Munster, près d'Aix-la-Chapelle.

Indi, orum. Les Indiens, les peuples qui habitent les Indes.

India. L'Inde, les Indes. Grande presqu'île d'Asie.

Indiacum et *Indiciacum*. Indiac, à présent, S.-Flour, ville épiscopale en Auvergne.

Ingelhemium. Ingelheim, ville d'Allemagne.

Ingena. V. *Abrinca*.

Ingeris. L'Indre, rivière qui se jette dans la Loire, près de Tours.

Iniensis pagus. Lorraine (Meurthe).

Insula. Ile, terre entourée d'eau. Lille, ville de Flandre. Lille, ancienne abbaye de S. Germer, aux limites du diocèse de Beauvais, sur l'Epte. Lille, autrefois abbaye, à présent, Prieuré au diocèse de Troies en Champagne. *Infula-Aaronis*. Ile d'Aaron, à présent, S.-Malo, ville épiscopale, en Bretagne.—*Adœ* ou *Adami*. L'Ile Adam. Bourg du Beauvoisis sur l'Oise.—*Barbara*.

L'Ile-Barbe , abbaye près de Lyon. — *Bathœ.* Baas, ile aux côtes de Bretagne. — *Bovis candidœ.* Inisbovinde , en Irlande. — *Germanica.* V. *Cella Bobini.*

Interamna. Terne, Terni *ou* Trani , ville épiscopale de l'Ombrie , en Italie.

Interamnia. Teramo , ville autrefois du Samnium , à présent de l'Abbruzze , au royaume de Naples.

Interamnis. m. f. Qui est de Terne. v. *Interamna.*

InterocriuM. Anterdoio , en Abbruzze.

Iona et *Iona-Columbœ.* — *Cellitœ.* Ycolmkill. Abbaye dans l'île de Hy , aux côtes d'Ecosse.

Ionii Ecclesia. S.-Yon , village, au diocèse de Paris.

Iprœ. Ipres , évêché dans les Pays-Bas.

Iria. V- *Hibernia. Iria Flavia.* Ancienne ville de Galice , en Espagne , à laquelle a succédé Compostelle.

Isara fluvius. L'Oise , rivière de France ; l'Isère , rivière du Dauphiné , qui se rend dans le Rhône.

Isara ou *Æsia.* L'Oise , rivière qui se jette dans la Seine après avoir passé par Noyon , Compiègne et Pontoise.

Isara. L'Isère , rivière du Dauphiné , qui se jette dans le Rhône , près Valence.

Isauria. L'Isaurie, partie de la Cappadoce.

Isauri , orum. Les peuples de l'Isaurie.

Iscuina. Ecouen, près de Paris.

Issidorum. V. *Icciodorum.*

Isiodorensis pagus. Pays d'Iseure (Indre-et-Loire).

Italia. L'Italie , grande contrée d'Europe.

Itali, orum. Les Italiens , les peuples de l'Italie.

Itta fluvius. L'Epte, rivière du Vexin.

Ivriacum. V. *Iberiacum.*

Ixiodorum. V. *Icciodorum.*

J

J Adera. Zara, en Dalmatie.

J Jai., orum. Les Javares, peuples d'une partie de l'île du More, dans les Indes Orientales.

Jajoliensis. Petite contrée, entre Séez et Argentan (Orne), où est situé S. Christophe-le-Jajolet.

Jani-villa. Joinville, au diocèse de Chalons en Champagne.

Japones, num. Les Japonais, les peuples du Japon.

Japonicæ insulæ et *Japonia.* Le Japon, les îles du Japon, situées à l'Orient de la Chine, en Asie.

Jara fluvius. Gers *ou* Giez, rivière du Lyonnais, qui tombe dans le Rhône, près de Vienne.

Jargolium. V. *Gargogilum.*

Jerosolima et *Jesorolimæ, arum.* Jérusalem, ville capitale de la Palestine.

Jerosolimitanus a, um. De Jérusalem.

Joncelli, orum. Jaucels, abbaye au diocèse de Beziers.

Jonsacum. Jonsac, en Saintonge.

Jotrensis, m. f. *se.* n. *is.* De Jouarre.

Jotrum. Jouarre, abbaye de filles au diocèse de Meaux en Brie.

Josedum. Corbeil (Seine-et-Oise).

Joviniacum. v. *Juveniacum.*

Jovis ara. Jouarre, au pays Chartrain.

Jucundum. Jocou, abbaye au diocèse d'Aleth.

Judoci cella. S. Josse, abbaye en basse Picardie.

Julia. Julie, à présent S. Donnin, au territoire de Parme en Italie.

Juliacum. Juliers, ville d'Allemagne.

Juliobona. Biducassium. v. *Bajoiæ.* Lillebonne (Seine-Inférieure) que d'autres nomment *Lulliobona.*

Juliodunum ou *Lodunum.* Loudun en Poitou.

Juliomagus-andicaverum. v. *Andegavi.*

Joncturæ, arum. Jointures *ou le* Val-de-Gali-
   lée , autrefois abbaye , à présent S. Dié *ou*
   Diey, ville de Lorraine.
Juniani oppidum. S. Junien , ville de la Marche-
   Limousine , sur la petite rivière de Glaine.
Jura ei Jurense Monasterium. Mont-Jou , mo-
   nastère , à présent S. Claude , ville et abbaye
   en Franche-Comté.
Jura. Longue chaîne de montagnes qui séparent
   la Suisse de la Franche-Comté , sur l'une des-
   quelles montagnes l'ancien monastère de Mont-
   Jou a été fondé.
Jusinipolis. v. *Edessa.*
Juvava et Juvavum. v. *Salisburgum.*
Juveniacum. Juviniacum. Juvigny , abbaye de
   filles dans le Luxembourg. Bourg de Norman-
   die , chef-lieu de canton (Orne).

K

*K**Ala.* v. *Cala.*
   Karilesi. v. *Carilesi.*
Kemper-ad-elegum et Kemperlegium. Kemper-
   lay *ou* Keimperlé, abbaye en Bretagne.
Kemperlegiensis., m. f. *se.* n. *is.* De Kemperlay.
Kerfeunteum. Kerfont , abbaye au diocèse de
   Dol, en Bretagne.
Kircheimensis pagus ou *Troningorum.* Pays de
   Kircheim en Alsace.

L

*L**Aburdensis pagus.* Pays de Lalourd (Basses-
   Pyrennées).
Lacella Lacelle, au diocèse de Meaux en Brie.
Lactora. Lectoure , ville épiscopale , dans l'Ar-
   magnac.
Sancti Lætiæ, Ecclesia. v. *Inatorium.*
Lætia ou *Letiæ, arum.* Liessies , abbaye dans
   le Hainaut , sur la rivière d'Hespres.
Lambatha ou *Lambetha.* Lambeth , ville d'An-
   gleterre , sur la Tamise.

Lambathensis ou ***Lambethensis*** , m. f. *se*. n. De
  Lambeth.

Lambeca. Lambec, aux frontières du Hainaut et
  du Brabant,

Lambesia, Lambese , ville de Numidie,

Lambesiacus. , *a* , *um*. De Lambese.

Lampsacus. Lampsaque, Lampsic *ou* Lepseck ,
  l'Hellespont, dans la petite Mysie.

Landana. Landevenec. Abbaye au diocèse de
  Quimper , en Basse-Bretagne.

Landavum, Landaf , ville du Glamoran , au pays
  de Galles , en Angleterre.

Landinum. Landen, petite ville du Brabant, au
  pays de Liège,

Laodicea, Laodicée , à présent, Liche, ville maritime de Syrie , ville de Lydie dans l'Asie mineure,
  vers la Phrygie, où se tint le Concile du même
  nom. — *Cabiosa*. Ville de Syrie dans la Cilicie ,
  sur la rivière d'Oronte.

Lapardum. V. *Aquæ tarbellicæ*,

Lascurra et ***Lascurris***. Lescar , ville épiscopale ,
  au Bearn,

Lascurrensis , m, f. *se* n. *is*. De Lescar.

Lateranensis , m. f. *se*. n. *is*. De Latran.

Lateranum. Latran-Palais, et l'une des principales
  églises de Rome.

Latiniacensis , m. f. *se*. n. *is*. De Lagny.

Latiniacum. Lagny , petite ville et abbaye
  du diocèse de Paris, vers les limites de la Brie.

Laticensis, *pag*, Lacois ou Lassois (Bourgone et
  Champagne.

Latobrige, Peuples vers Brisach et Colmar , dont
  Strasbourg , *Argentoratum* , était la capitale.

Latopolis. Latople, ville et territoire au-dessus
  de Thèbes , dans la haute Thebaïde.

Latrensis (*Paulus*). Paul-de-Latre, anachorète
  du Mont-Sina,

Laubacum, Laubacus, Laubiæ, arum et ***Laubium***

Lobbes, ville et abbaye aux enclaves du pays de Liège, sur la Sambre.

Laudi oppidum. V. *Lautonis.*

Laudiacum et *Laudiacus Mons.* Mont-Louis *ou* Mont-Louis, bourg de Touraine.

Laudum. V. *Laus Pompera.*

Laudunensis, m. f. se. n. *is.* De Laon.

Laudunum. Laon, ville épiscopale, dans la haute Picardie.

Launomari-Monasterium. V. *Curbio.*

Lauracenses, *ium.* Le Lauragais, contrée du Languedoc.

Laureacum et *Lauriacum.* Lorch, ville ancienne, dans l'Illyrie occidentale.

Lauriacensis. pag. Pays de Lorris en Gâtinais, arrondissement de Montargis (Loiret).

Lausania. Lausanne, ville épiscopale, en Suisse.

Lausdunum Castrum. Loudun, ville du Poitou.

Laussa. Lazy *ou* Lansy, en Bourgogne.

Laus Pompera. Lodi, ville épiscopale du Milanez, en Italie.

Lautonis oppidum. S. Lo, ville du Cotentin, sur la rivière de Vire, en basse Normandie.

Lautregum. Lautrec, au diocèse d'Alby.

Lebrahensis cella. Lievres, en Alsace.

Ledia silva. Laye (Ilede France), pay près Paris, le canion de Saint-Germain.

Ledo. Lire *ou* Liere, ville du Brabant, entre Anvers et Malines.— *Salinarius.* Laons-le-Saunier, petite ville en Franche-Comté, sur la rivière de Solvan.

Legiensis, m. f. se n. *is.* De Leon, en Espagne.

Legio, Leon, ville épiscopale et capitale d'un ancien Royaume de même nom, en Espagne.

Legiones, *num.* Caerleon, ville métropole de la principauté de Galles, en Angleterre.

Lehonensis V. *Leonensis.*

Lemas, *anis.* La Limagne, contrée d'Auvergue.

Lemoenia. Lomagne, Bas-Armagnac (Gers , Tarn et Garonne).

Lemovicæ, arum, Lemovices, cum. Lemovicum et *Lemovicina civitas.* Limoges , ville épiscopale et principale du Limonsin.

Lemovicensis , m. f. *se. n. is.* et *Lemovicinus, a,* *um.* De Limoges. Du Limousin.—*Pagus.* Le territoire de Limoges. Le Limousin. *Urbs Le-* *movicina.* Limoges. V. *Lemovicæ.*

Lemovicini , *orum.* Le Limousin , contrée de France, qui fait partie de l'ancienne Aquitaine.

Lemovix, icis. m· f. Limousin, qui est de Limoges qui est du Limousin.

Lengiacensis ager. Langadais , en Basse-Auver-gne, Langeac (Haute-Loire).

Leocata. Licate *ou* Alicata, ville de Sicile à l'embouchure de la rivière de Gela, au diocèse de Gergent.

Leodieum et *Leodium.* Liége, autrefois village, et depuis ville épiscopale et principale dn pays du même nom, entre les duchés de Limbourg, de Brabant et le comté de Namur dans les Pays-Bas.

Leodiensis, m. f. *se. n. is.* De Liége.— *Pagus.* Le pays de Liége, le Liégeois.

Leodo et *Leodonium.* V. *Ledo Salinarius.*

Leona. S. Paul-de-Léon, ville épiscopale de Bre-tagne.

Sancti Leonardi cella. S. Leonard-le-Noblat, petite ville de la Marche-Limousine, sur la rivière de Vienne.

Leonensis , m. f. *se. n. is.* De Léon, de S.-Paul-de-Léon, en Bretagne.

Sancti Leonis vicus. S. Lié *ou* Maintenay, autre-fois monastère et bourg, à présent simple village au diocèse de Troyes en Champagne.

Lepontii. Les Grisons, proche les Suisses.

Leprosus vicus. Leprosium et *Leprosum Castrum*

Leroux, Loroux, Louroux, Leuroux, Levroux, petite ville du Berry, vers la Touraine.

Lesptis. Leptis, ville d'Afrique.

Lesobia osismiorum. V. *Lexobia.*

Lethglinum. Lechlin, abbaye en Irlande.

Letium territorium. Les environs de la rivière du Lys, en Flandre. *Leticus pagus.* La plaine du Lys.

Leuci. Peuples du diocèse de Toul en Lorraine.

Leuconaus. V. *Vallarici.*

Leucosia et *Leucothea* ou *Leucotheon.* Ledres, ville de l'île de Chypres.

Levaci. Peuples d'Artois, dont un petit canton appelé la Loewe, a retenu l'ancien nom.

Levitania. Le Lavedan en Bigorre (Basses-Pyrénées).

Lexobia. Ancienne ville de la Basse-Bretagne, à laquelle a succédé Treguier *ou* Lantriguet, ville épiscopale de la même province.

Lexoviensis, m. f. *se.* n. *is.* De Lisieux.

Lexovii, orum et *Lexovium.* Lisieux, ville épiscopale, en Normandie.

Leuza. Leuze, abbaye, en Hainaut.

Liberdunum. Liverdun, ville au diocèse de Toul, en Lorraine.

Liberiacum. Livry, abbaye près de Paris.

Licudiacum. V. *Ligugiacum.*

Lidda. Lidde, ville de Palestine.

Ligeni, orum. Alengon, sur la Garonne, dans le Bordelais.

Liger et *Ligeris.* La Loire, rivière de France.

Ligeritus. Le Loiret, petite rivière peu éloignée de la Loire et qui s'y rend.

Ligugiacum. Ligugey, monastère à quelques lieues de Poitiers.

Liguria et *Livoria.* La Ligurie, province ancienne d'Italie, qui comprend à présent le Mont-Ferrat et la côte de Gênes, pays de Livière (Aude).

Ligusticum mare. La rivière de Gênes, la mer de Ligurie.

Lima. Lima *ou* les Rois, ville capitale du Pérou, dans l'Amérique-Méridionale.

Limania. Le Limagne, en Basse-Auvergne (Puy-de-Dôme.

Limensis, m. f. *se.* n. *is.* De Lima.

Limonum. V. *Pictavi.*

Limozinus pag. Pays de Limoux, en Bas-Languedoc (Aude).

Lincolnensis, et *Lincolniensis*, m. f. *se.* is. De Lincoln.

Lindana et *Lindanœ Portus* V. *Landana.*

Lindecollinum et *Lindum.* Lincoln, ville épiscopale au pays de Mercie, en Angleterre.

Lingonensis, m. f. *se* n. *is* De Langres.

Lingones, num et *Lingoni, orum.* Langres, ville épiscopale de Champagne.

Lipara. Lipari, l'une des îles adjacentes à celle de Sicile.

Lipidiacum. Lipidiac, en Berry.

Liptiœ, arum, Liptines, à présent Lestines, ville, dans le Cambresis.

Liptinensis, m. f. *se.* n. *is.* De Lestines.

Lira. Lire, en Flandre.

Liricantus. Larchant, à présent S. Mathurin, bourg du Gatinois, près Nemours. Autre (Orne).

Lirina, Lirinum et *Lirinus.* Lerins, à présent S. Honorat, monastére et abbaye célèbre de l'île de Lerins, adjacente à la Provence.

Lirinensis, m. f. *se.* n. *is.* De Lerins.

Lirizinus, amnis. Le Lirizain *ou* Lizaine, petite rivière de Normandie, vers l'embouchure de la Seine.

Lisvinus pagus. Le pays de Lievin en Normandie.

Litomislum. Leutmeritz, ville épiscopale de Bohême.

Livallia Sylva. La forêt de Livarie, dans le Pisan, en Italie.

Locociacum et *Locogeiacum*. V. *Ligugiacum*.

Locus-Sanctus. Lieu-Saint, village au diocèse de Paris.

Lodova. V. *Luteva*.

Lodovensis, m. f *se*. n. *is*. De Lodeve. V. *Luteva*.

Lœdus ou *Ledus*. Le Loir, petite rivière qui prend sa source dans le Perche, arrose Châteaudun, Vendôme, etc., et se jette dans la Sarthe près Angers.

Lohanecensis, m. f. *se*. n. *is*. De Lohanec. — *Ecclesia* V. *Lohannecum*.

Lohannecum. Lohanec, paroisse du diocèse de Treguier en Basse-Bretagne.

De Loiesco Comes. Le Comte Loyescon.

Lomacensis ou *Laumensis*. Comté de Namur et petite partie du Hainault (Belgique et Ardennes).

Londinensis et *Londoniensis*, m. f. *se*. n. *is*. De Londres.

Londinum et *Londonium*. Londres, ville capitale de toute l'Angleterre, sur la Tamise.

Longicampus. Longchamps, abbaye de filles, près de Paris.

Longipontanum Monasterium. Longpont, abbaye de filles, au diocèse de Soissons.

Longobardi, *orum*. Les Lombards, peuples de l'ancienne Germanie.

Longobardia. La Lombardie, en Italie, dont le Milanez fait partie.

Longorete et *Longoretum*. Lonrey, à présent S.-Siran, abbaye au-dessous de Maisières, sur la rivière de Claise, en Brenne, canton du Berry.

Losdunum. V. *Lausdunum*.

Lotharingia. La Lorraine, province de France, entre la Flandre, l'Allemagne et la Suisse.

Lovanium. Louvain, ville de Belgique (Pays-Bas).

Lucæ, *arum*. V. *Luccæ*.

Lucania. La Lucanie, à présent la Basilicate, province du royaume de Naples.

Lucaniacum. Longny en Beausse, aux confins du pays Chartrain et de l'Orléannais; autre (Orne).

ucaniacus ou *Lucaniacum Biturigum*. Lugny ou S. Chartier, en Berry.

Lucæ, arum. Loches, ville de Touraine, sur l'Indre.

Lucentum. Alicant, ville de l'ancien royaume de Valence, en Espagne.

Luciliburgus. Luxembourg, ville et duché entre le Hainaut, la Champagne, la Lorraine, les pays de Trèves et de Liège. (*Loire et Rhône*).

Lucio. Luçon, ville épiscopale, en Poitou.

Luciolum. Lucioli, au duché d'Urbin, en Italie.

Luciona. V. *Lucio*.

Lucovivensis pag. Bourbonnais ou Bourgogne.

Lucretuis pag. Probablement le pays de Lacrau en Provence, Saint-Jean-Garniés, commune de Géménos (Bouches-du-Rhône).

Lucullanum. Luculle, près de Naples, en Italie.

Lucus asturum. V. *Ovietum*.

Lugdunensis, m. f. se. n. is. De Lyon.

Lugdunensis prima provincia. Première des dix-sept provinces de la Gaule sous les Romains ; elle comprenait une grande partie de la Bourgogne, de la Champagne, du Lyonnais, du Forez, du Beaujolais, la Bresse, la Doubes et la majeure partie du Bugey ; Lyon en était la métropole

Lugdunensis seconda. La deuxième partie des dix-sept provinces romaines, comprenant la Normandie, le Vexin français en très-grande partie, et une portion du Perche ; Rouen Métropole.

Lugdunensis tertia. La troisième province contenait la Bretagne, l'Anjou, le Maine et la majeure partie du Perche.

Lugdunensis quarta. Quatrième Lyonnaise, comprenant l'île de France, l'Orléanais, la majeure partie du Nivernais, les deux Bries, française et champenoise, et la Champagne en partie; Sens métropole.

Lugdunum. Lyon, ville métropole de la province du Lyonnais, en France.—*Clavatum*. V. *Laudunum*.

Lumbariœ ou *Lumperium*. Lombez, ville de France, ancien évêché (Gers).

Luna nova. Sazarne, ville de Toscane.

Lupara et *Luparum*. Louvres, bourg à six lieues de Paris.

Luparia et *Lupera*. S. Just, abbaye de Prémontré, au diocèse de Beauvais.

Luperciacum Castrum. Lucilbourg, au diocèse de Beauvais.

Lura. Le Mont-Lure, au diocèse de Sisteron.

Lusarca. Lusarche, bourg à sept lieues de Paris.

Lusitania. Le Portugal, royaume en Espagne.

Lutera et *Lutra*. Lure, Ludre *ou* Ludder, abbaye en Franche-Comté.

Lutetia et *Lutetia-Parisiorum*. Paris, ville capitale de toute la France, autrefois épiscopale, à présent métropole.

Luteva. Lodève, ville épiscopale, en Languedoc.

Lutevensis. Pays de Lodève (Hérault).

Lutosa. Louses, en Champagne. Leuse, petite ville du Hainaut.

Lutra. V. *Luteva*.

Luxemburgicus, *a*, *um*. De Luxembourg. V. *Luciliburgus*.

Luxemburgum. V. *Luciliburgus*.

Luxoviensis, m. f. *se*. n. *is*. De Luxeu.

Luxovium. Luxeu, monastère en Franche-Comté, au diocèse de Besançon, au bas des Monts des Vosges.

Lycaonia. La Lycaonie, province de l'Asie - Mineure.

Lycia. La Lycie, province de l'Asie-Mineure.

Lychnis, idis. Lychnis, ville d'Illyrie, ville de Macédoine.

Lycopolis. Lycus, ville de la première Thébaïde en Egypte.

Lycopolitanus, a, um. Le Lycus.

M

MAcasaria. Macassar, royaume qui fait partie de l'île de Célèbes, l'une des Moluques dans la Mer des Indes Orientales.

Macaum. Macao, ville du royaume de la Chine.

Macedo onis. m. f. Macédonien; qui est de Macédoine.

Macedonia. La Macédoine, contrée de Grèce, en Europe.

Maceriæ, arum, Mézières, nom commun à plusieurs lieux. Mézières-sur-l'Oise, en Haute-Picardie, vers les confins du Vermandois et de la Tierrasche.

Macloviopolis et *Maclovium.* V *Alethum.* S.-Malo.

Maderiacum. V. *Maceriæ.*

Madisciacum. Macé, abbaye, en Berry.

Madriacensis pagus, Madriacum, Madriacus pagus et *Madricum.* Madrie, contrée du diocèse d'Evreux, en Normandie.

Madritum. Madrid, autrefois village, à présent capitale de toute l'Espagne.

Magdeburgensis, m. f. se. n. is. De Magdebourg.

Magdeburgum. Magdebourg, ville de Saxe, en Allemagne, sur l'Elbe.

Magdunum. Meun, ville au diocèse d'Orléans, sur la Loire.

Magenhildis. V. *Manechildis.*

Magiæ ou *Magii.* Mays, dans le Tirol.

Maginisgus Pag. Pays sur la droite de la Meuse (Ardennes).

Maginisus Pagus. Arrondissement de Rocroi.

Magnesia. Magnésie, ville da la Carie, dans l'Asie mineure.

Magnesianus, a um. De Magnésie.

Magniacum Magny, nom commun à plusieurs lieux.

Magnilocensis, m. f. *se*. n. *is*. De Manlieu, *Magnilocense cœnobium*. V. *Magnilocus*.

Magnilocus et *Magnuslocus*. Madlieu, bourg et abbaye sur la Dore, au diocèse de Clermont en Auvergne.

Magni-Montium et *Magni-Mons*. Mazmont, petite ville au pays de même nom, en Bourgogne.

Magnimontensis Pagus. Mémontais, en Bourgogne.

Maguntia. V. *Moguntium*.

Majus monasterium. Marmoutier, abbaye en Touraine.

Malabares, rum. Les Malabares, les peuples du Malabar.

Malabaria. Le Malabar, contrée, placée entre le royaume de Décam et le cap Cormorin dans les Indes Orientales.

Malaca. Malaca, ville considérable de la presqu'île des Indes Orientales, au-deçà du Gange. — Malgove *ou* Malaga, ville de l'ancien royaume de Grenade, en Espagne.

Malacensis, m. f. *se*. n. *is*. De Malaca, qui est de Malaca, des Indes.

Malacenses, ium. Les habitans de Malaca.

Malai ou *Malœi, orum*. Les Maléas, peuples dans la presqu'île de l'Inde, en-deçà du Gange.

Malanoda Malenoue, abbaye de filles, au diocèse de Paris, près de Gournay de Brie.

Malbodium. Maubeuge, ville et abbaye en Hainaut, sur la Sambre.

Maldunense cœnobium et *Maldunum*. Malmesbury, abbaye, et petite ville d'Angleterre, au comté de Wiltshire.

Malliacum. V. *Marliacum.* — *Turonam.* Maillé, à présent Luynes, sur la Loire, entre Tours et Langey. — V. *Menechildis.*

Malmodium. V. *Malbodium.*

Malmunderium. Malmedy *ou* Marmedy, abbaye et petite ville entre le duché de Luxembourg et le pays de Liége.

Maloboscia. Maubuisson, abbaye de filles, prés de Pontoise au diocèse de Paris.

Malonia. Malogne, au pays de Liége sur la Sambre.

Mamerciæ. Mamers (Sarthe).

Manatense monasterium et *manatum.* Ménat, abbaye, en Auvergne, sur la rivière de Sioule.

Mandensis Pag. Probablement le même que *Vermandensis*, le Vermandois, en Picardie.

Manechildis fanum. Sainte-Menèhould, autrefois, Auxuenne, petite ville, en Argonne de Champagne.

Manerium Corbonis. V. *Arremarense.*

Manganæa. Manganée, vers la Phénicie ou la basse Syrie.

Sancti-Mansueti Ecclesia. Saint-Mansuy, église, dans la ville de Toul en Lorraine.

Mansum ou *Mansus-Sanctorum-Puellarum.* Mas-Saintes-Puelles *ou* Saintes-Espuelles, bourg du diocèse de S. Papoul, en Languedoc.

Mantiniacum. V. *Leonis vicus.*

Mantua. Mantoue, ville épiscopale de la Gaule Cisalpine, dans la Lombardie, en Italie.

Mapurgum. Mapurg, ville de Hesse, sur le Lann, en Allemagne.

Marchia. La Marche, pays démembré du Limousin (Creuse et Haute-Vienne).

Marcianæ et *Martianæ, arum.* Marchiennes, abbaye et ville au diocèse d'Arras, sur la Scarpe.

Marcianensis, m. f. *se.* n. *is.* De Marchiennes.

Marciliacum. Marsillac, en Quercy.

Marciliœ, Marcoliœ, Maricolœ et *Mariliœ, arum.* Maroilles *ou* Maroles, abbaye en Hainaut.

Maritiacensis Ager. Pays de Marcillats, en Bourbonnais (Allier).

Maraolum. Mareuil, près d'Arras, en Artois.

Sancta - Maria - Angelorum. Sainte - Marie-des-Anges *ou* la Portioncule, église au faubourg d'Assise en Italie.

Mariacam. Mairé, ancien monastère, en Poitou. *Episcopale*, Mairé-l'Evécau, autrefois Mariac, abbaye, près de Poitiers.

Maricolensis, m. f. *se*. n. *is*. De Maroilles, en Hainaut. V. *Marciliœ.*

Marleium et mieux *Marliacum.* Marly, bourg et château entre Versailles et S. - Germain - en-Laye, au diocèse de Paris.

Marobodunum. V. *Praga.*

Maroilum et *Marolium.* Mareuil, en Touraine, sur le Cher.

Martialis pag. Pays de Marchal (Cantal).

Murtinopolis et *Martiopolis.* Méersbourg, ville de Saxe, sur l'Issel.

Martulensis, m. f. *se*. n. *is*. De Martole.

Martulum. Martole, près de Spolète, en Italie.

Masciacensis, m. f. *se*. n. *is*. De Massy.

Masciacum. Massy-sur-Seine, en Champagne.— nom commun à plusieurs lieux (Seine-et-Oise).

Massilia. Marseilles, ville épiscopale en Provence.

Massiliensis, m. f. *se*. n. *is*. De Marseilles.

Sancti-Mathœi-Promontorium.— *Monasterium.* S. Mahé-de-Fine-Terre, abbaye et bourg, au Cap qui est à l'extrémité de la Basse-Bretagne.

Matensis Pagus. V. *Metensis.*

Mathiacus. Macé, près Sécz.

Matisco. Macon, ville épiscopale, en Bourgogne.

Matisconensis, m. f. *se*. n. *is*. De Macon.

Matriacum. Méry, au diocèse de Sens.

Matritum. V. *Madritum.*

Matrona. La Marne, rivière de France.

Mauciacum. V. *Mausiacum.*

Maudanensis, m. f. *se.* n. *is.* De S.-Michel, en Normandie.

Maudetus. S. Mandé, monastère près de Paris.

Maurapicum. Le Hurepoix, petite contrée au midi de Paris. — Gâtinais, Brie et Champagne.

Mauriliacensis, m. f. *se.* n. *is.* De Milly.

Mauriliacum. Milly *ou* Maurilly, petite ville du Gatinois, près de Fontainebleau.

Mauri monasterium. Maut-Munster, abbaye, en Alsace.

Mauridensis. V. *Maurapicum.*

Mauritania. La Mauritanie, ancienne région d'Afrique, qui fait à présent partie de la Barbarie. — *Cœsariensis*, le royaume d'Alger, en Afrique.

Maurocena. V. *Canadium.*

Mausiacum. Mausac *ou* Mosac, abbaye en Auvergne.

Maxentii oppidum. S.-Mexent, ville et abbaye, en Poitou.

Maximini monasterium. S.-Mesmin, abbaye près d'Orléans, V. *Miciacum* –*oppidum.* S.-Maximin, bourg, en Provence.

Mazici, orum. Les Maziques, sorte de peuples barbares de l'Egypte.

Meacum. Meaco, ville de l'île de Niphon, l'une des Philippines dans la mer des Indes Orientales.

Mechelen, Mechlinia. Malines, ville métropole du Brabant, entre Anvers, Bruxelles et Louvain.

Mechliniensis, m. f. *se.* n. *is.* De Malines.

Medalgicus Pag. Les Mauges, Anjou et Poitou.

Medeletensis. V. *Medenantensis.*

Medenantensis, m. f. *se.* n. *is* Du Mélantois.

Medenantense territorium. V. *Medenantenses.*

Medenantenses , ium. Le Mélantois , contrée de Flandre.

Medi , orum. Les Mèdes , les peuples de Médie.

Media. La Médie , grande contrée d'Asie.

Medianum monasterium. Moyen - Moûtier , monastère en Lorraine, au pied des monts de Vosge. — Moûtier-Moyeu , abbaye dans la ville de Bourges.

Mediocantus. My-Cant , en Berry.

Mediolacum. Mithlac *ou* Mettoc , abbaye, en Lorraine, sur la Sarre.

Mediolanensis , m. f. *se.* n. *is.* De Milan.

Mediolanium. Munster , ville de Vestphalie.

Mediolanum. Milan, ville métropole et principale du Milanez, en Italie.—*Santonum.* V. *Santones.*

Mediolanum - Eburovicum. L'ancien Evreux , aujourd'hui Evreux, évêché en Normandie. — *Sanctonum.* — Saintes en Saintonge , ancien évêché.

Mediomatrices , cum et *Mediomatrici, orum.* V. *Metæ.*

Meduana. La Mayenne , rivière de France, qui donne son nom à un département de l'ouest.

Medulicus, Medulcensis Pagus. Médoc, en Bordelais (Gironde).

Medunta. Moutes, près Paris.

Melaudenensis et *Melaudunum.* V. *Melodunensis.*, etc.

Melbodium. V. *Malbodium.*

Meldæ. arum et *Meldi, orum.* Meaux, ville épiscopale et principale de la Brie , sur Marne.

Meldensis, m. f. *se.* n. *is.* De Meaux.

Meldicianus Pagus. Le pays Mulcien , petite contrée au diocèse de Meaux. — Le territoire de Meaux , l'étendue du diocèse de Meaux.

Meldricæ, arum. Meldrac , en Brabant.

Melita et *Melite*. Malthe, île d'Afrique.

Melitensis m. f. *se* n. *is* De Malthe. — *Insula* V. *Melita*.

Melitina. Melitine, en Afrique.

Mellentum. Meulan, ville du Vexin Français, sur la Seine.

Melodunensis, m. f. *se*. n. *is*. De Melun. — *Conventus*, l'assemblée du clergé à Melun. — *Pagus*. Le territoire, les environs de Melun.

Melodunum. Melun, ville du Hurepoix.

Meludunensis. V. *Melodunum*.

Menariacum. Merville, en Flandre.

Menatense-Cœnobium V. *Medenantense*.

Menenatensis. V. *Medeletensis*.

Mentuniacum. V. *Leonis vicus*.

Merbecca. Morbec, en Brabant.

Mercasii-Villa. Marchais, petit lieu près la Mare S.-Eugien, attenant de Deuil, vers Mont-Morency. V. *Diogilum*.

Mercuriensis-Pag. Pays de Mirecourt (Vosges).

Meriacum. Mery, au diocèse de Troies, en Champagne.

Merula. Le Mesle-sur-Sarthe (Orne).

Merulis. Merules *ou* Merle, vers la côte de Toscane, à huit lieues de la mer.

Merum. Mère, en Phrygie.

Mesopotamia. La Mésopotamie, à présent le Diarbeck, contrée d'Asie.

Messana. Messine, ville de l'île de Sicile.

Metæ et *Mettæ, arum*. Mets, ville épiscopale en Lorraine, sur la Moselle.

Metelentum. V. *Mellentum*.

Metensis, m. f. *se* n. *is*. De Mets. V. *Metæ*.

Metulensis Pag. Pays de Melles (deux Sèvres).

Sanctus Mevennuis de Gaele. S.-Mein *ou* S.-Mehen-de-Ghé, abbaye de Bretagne, au diocèse de S.-Malo.

Mexicana. Le Mexique, grande contrée de l'Amérique Septentrionale.

Mexicanus, a, um. Du Mexique, de Mexique.

Mexicum. Mexique, ville métropole et capitale de la contrée de même nom, dans l'Amérique Septentrionale.

Sanctus - Michael ad duas tumbas. Le Mont-S.-Michel dans la mer, au diocèse d'Avranches en Normandie. — *Monasterium-de-Cusano.* S.-Michel-de-Cusan, abbaye en Catalogne.

Miciacum Mici *ou* S.-Mesmin, abbaye près d'Orléans.

Miciacus. Micy dit S.-Mesmin, abbaye, de bénédictins, diocèse d'Orléans.

Miciensis. De S.-Mesmin.

Miletus. Milet, ville ancienne de l'Yonie, en Grèce.

Milevum, Milevis et *Mileum.* Milève *ou* Milevi, ville épiscopale de Numidie, en Afrique, sur la rivière d'Ampsague.

Milevitanus, a, um. De Milève.

Millebeccus et *Millepecus.* Meobec, abbaye en Brienne, canton du Berry. V. *Longorete.*

Milliacum. V. *Mauriliacum.*

Mimas, atis et *Mimata.* Mende, ville du Gevaudan.

Mimatensis, m. f. *se* n. *is.* De Mende.

Minariacum. V. *Menariacum.*

Mindanai orum. Les peuples de Mindanao, dans les Indes Orientales.

Minerbensis Pag. Minervois, pays du Languedoc.

Minorissa. Mantèze, ville de Catalogne, à trois lieues de Mont-Serrat

Mirapincum. Mirepoix, ville de France, anciennement épiscopale (Arriége).

Missiacum. V. *Mauriliacam.*

Mitiacum. V. *Miciacum.*

Sancti-Moachi Monasterium. Le monastère de

Saint-Maoch, à quelques lieux de Dol en Bretagne.

Moguntia et *Moguntiacum*. V. *Moguntium*.

Moguntinus, a um. De Mayence.

Moguntium. Mayence, ville métropole, sur le Rhin, en Allemagne.

Molinæ. Moulins en Bourbonnais, ville épiscopale (Allier).

Molismus. Molesme, abbaye en Champagne, au diocèse de Langres.

Monachium. Moucy-le-Neuf, autrefois Mouchy et Monchy, prieuré au diocèse de Paris, entre Louvres et Dammartin. — Munich, ville capitala de Bavière, en Allemagne.

Monasterioletum. Monstrelet, près deS.-Riquier, en Picardie.

Monasteriolum. Montreuil, nom commnn à plusieurs abbayes. — Monestriol, Menestriou, Medestou, Monstreau, Montreau, Monistrol, noms communs à différentes abbayes, selon les pays et les dialectes.—*In algiá*. Montreuil, à présent, Almenesches, au pays d'Auge, en Normandie. V. *Almaniscæ*.—Montreuil-les-Dames, abbaye de filles, près de Laon, en Picardie.—Montreuil-sur-Mer, ville de la basse Picardie, sur le Canche.

Monasterium. Sancti-Launomari. V. *Curbio*.

Monasterium. Munster, ville principale de Vestphalie. *Sancti Dionysii*. V. *Sanctus Dionysius*, etc.

Mons-Albanus. Montauban, ville épiscopale du Quercy sur le Tarn, — *Argus*,—*Argi* — et *Argisii*, Montargis, ville capitale du Gatinois.—*Aventinus*. Le Mont - Aventin, à Rome, — *Aureolus*. V. *Mons Albanus*.—*Auxentii*. Mont-S.-Auxent, abbaye, près de Calcédoine en Bithynie. — *Cassinus*. Le Mont-Cassin, abbaye et ville dans la Terre de labour, au royaume de Naples. — *Cebrus.* Le Mont - Ciabre , à présent, S.-Von, village près de Chartres, diocèse de Paris. — *Cornelii* ou *Cornorum.* Mont - Cornillon *ou* Mont-des-Cornoüilles , maison d'hospitalières et léproserie près de la ville de Liége, au-delà de la Meuse. — *Eligii.* Mont-S.-Eloy, abbaye en Artois. — *Esquilinus* ou *Exquilii.* Le Mont-Esquilin *ou* le Mont-de-S^e-Marie-Majeure, à Rome. – *Falconis,* Montfaucon, nom commun à plusieurs lieux. – *Falisriscus.* Montefiascone , en Toscane.— *Fortis.* Montfort, nom commun à plusieurs lieux. — *Gaudii.* Montgaudry, Mont-Gauzy *ou* Mongozy, au comté de Foix en Languedoc. — *Lucius.* Mont-Luçon, en Bourbonnois, aux confins du Berry. — *Major.* Montmajour, abbaye de S. Benoît, à une lieue d'Arles.—Monastère d'Espagne. — Montmerré , entre Séez et Argentan, canton de Montrée. — *Martis.*—*Mercurii.*—*Martyrum.* Mont-Martre, village et abbaye de filles à une demie lieue de Paris.—*Maurentiacus.* Montmorency , bourg près de S.-Denys en France. *Meltanus.* Montmeillan , ville de Savoie. ⇒ Bourg près de Paris, — *Mirabilis,* Montmirail, au Maine. — Mont-mirel, en Champagne.— *Nonnarum.* Numberg, abbaye en Bavière. — *Olympi.* Mont-Olympe, en Bithynie , près de la ville de Pruse. – – *Othiliæ.* Othilberg, Hohenbourg *ou* Mont-Sainte-Odille, abbaye et petite ville en Alsace. — *In Pabula.* Mons-en-Puelle, aux Pays-Bas. *Pessullanus* et *Pessullum.* Montpellier, ville épiscopale dans le bas Languedoc, sur le Lez.— *Politianus.* Montepulciano , au diocèse de Sienne, en Toscane.— *Regalis.* Morgan, au diocèse de Comminges. — Montréal, abbaye à Palerme en Sicile. — *Sancti-Ruperti.* S.-Robert ou Mont-S.-Robert, abbaye, au diocèse de Mayence, en Allemagne. — *Serrati.* Mont-Ser-

rat, en Catalogne. —*Soractes*. V. *Soractes*.—
In Tarentesiá. Moutier en Tarentaise., ville
Métropole de Savoie.— *Sanctus*. La Montagne-
Sainte, près de Chartres.—*Tolonus*. Montelon,
au diocèse d'Autun. — *Viminalis*. Mont - Vi-
minal, montagne de Rome. *Cherchez les
autres mots joints* à Mons.

Monsteriolum. Montreuil-les-Dames. V. *Monasteriolum*.

Monstrolium. Montreuil-sur-Mer. V. *Monasteriolum*.

Montes Hannoniæ. Mons, abbaye et ville principale du Hainaut, diocèse de Cambray.

Montiacum. V. *Monachium*.

Montsculi, orum. Montils, au Plessis-les-Tours.

Mopsuestia. Mopsuette, à présent Manisha,
ville épiscopale de Syrie.

Morgecus-Vicus. Morgey, paroisse au diocèse de
Chalons-rsu-Saone, vers les limites de celui
d'Autun, en Bourgogne·

Moriensis Pag. Pays de Moirans (Jura).

Moritania. Mortagne, capitale du Perche, diocèse de Séez.

Morimons. Morimont, abbaye, au diocèse de
Chalons sur Marne.

Morimontensis, m. f. *se*. n. *is*. De Morimont.

Morini, orum. Les Morins, anciens peuples de
l'Artois, aux environs de Terrouenne.

Morissena. V. *Canadium*.

Morvensis Pag. Pays de Morvan (Yonne-et-
Nièvre).

Mosa-Fluvius. La Meuse, rivière de France.

Moscæ-Trajectum. Mastricht, ville autrefois épiscopale, sur la Meuse, au pays de Liége.

Mosella. La Moselle, rivière de France.

Mosellanus Pag. ou *Mosellensis*. Mosellois,
pays arrosé par la Moselle, Lorraine, Luxembourg (Bas-Rhin).

Mosfa Pag. Pays en Bretagne, peut-être Coray (Finistère).

Mosomagensis Pag. ou *Mosmensis.* Pays de Mouson (Ardennes).

Mosomagus et *Mosonium.* Mouzon, ville de Champagne, sur la Meuse, entre Sedan et Stenay.

Mossiacum et *Musciacum.* Moissac, abbaye, et petite ville du Quercy, sur le Tarn.

Muretum. Muret, en Limousin.

Mursensis. Dessex, Angleterre.

Mursencis Pag. Pays de Mursanges (Côtes-Dor). (Ce n'est qu'une conjecture).

Muscellæ, arum. Moiselles, près de Beaumont, diocèse de Paris.

Mussipontum. Pont-à-Mousson (Meurthe).

Muthalasca Mutalasque , en Cappadoce.

Myrra. Myrre *ou* Myre, ville Métropole de Lycie, sur la rivière de Limyre.

Myrensis, m. f. *se.* n. *is.* De Myre.

Myrina, Myron ou *Myrrina.* Myre *ou* Mère, ville de Phrygie, entre la grande Mysie et l'Eolide.

N

NAmurcensis, m. f. *se.* n. *is.* De Namur. *Namurcum.* Namur, ville épiscopale, aux Pays-Bas.

Nanceium. Nancy, ville épiscopale de la Lorraine, avec un évêché.

Nannetæ, arum et *Nannetis.* Nantes, ville épiscopale, en Bretagne, sur la Loire.

Namnetensis et *Nannetensis,* m. f. *se* n. *is.* De Nantes.

Namnetica urbs. V. *Namnetæ.*

Nantensis, m. f. *se.* n. *is.* De Nantueu *ou* de Nanteuil, de Coutances.

Nantogilum, Nantoilum et *Nantus.* Nanteuil en Brie, entre la Ferté-sous-Jouarre, et Château-

Thierry. — Nanteuil, au diocèse de Coutances, en basse Normandie. — *Hilduini.* Nanteu'-le-Haudoin, entre le pays de Valois et le diocèse de Meaux, en Brie.

Nantuates. Les anciens Grisons, près la Suisse.

Nantum, Nantueu *ou* Nanteuil, au diocèse de Coutances, en Normandie.

Narbô et *Narbona,* Narbonne, ville Métropole, en Languedoc.

Narbonensis, m. f. *se.* n. *it* De Narbonne.

Narnia. Narni, ville d'Ombrie, en Italie.

Nassonia ou *Nassovia.* Nassoin, en Ardennes.

Navensis - Ecclesia. Notre - Dame - de - la - Nef, *et depuis,* S. Sulpice, abbaye, au faubourg de Bourges.

Navicellæ, arum. Nazelles, dans la Touraine, sur la rivière de Cisse.

Navis. V. *Navensis.*

Naxuarienses, ium. Naschivar, ville épiscopale d'Arménie.

Naxus insula Naxe, île de la mer Egée.

Nazianzenus, a, um. De Nazianze.

Nazianzum. Nazianze, ville épiscopale, *puis,* Métropole, en Cappadoce.

Nea et *Næthum.* V. *Nethum.*

Neapolis. Naples, ville métropole et capitale d'un royaume de même nom en Italie. — Naplouse, ville de Palestine.

Neapolitanus, a, um. De Naples.

Nemausensis, m. f. *se.* n. *is.* De Nismes.

Nemausus. Nismes, ville épiscopale, en Languedoc.

Nemeiacum et *Nemetoanna.* V. *Atrebates.*

Nemetes. Peuples de Spire, en Allemagne.

Nemetocenna, Atrebarum. V. *Atrebatum.*

Nemetodurum et *Nemtodurum.* Nanterre, village, près de Paris.

Neomagus. N. *Noviomagum.* V. *Cicestria.*

Nepomuca ou *Nepomuk* Pomuck *ou* Nepomuk, ville du royaume de Bohême, en Allemagne.

Nepomucenus. a um. Nepomucene, de Pomuck, de Nepomuck.

Nerea. V. *Neris.*

Nereensis, m. f. *se* n. *is.* De Neris. — *Vicus* V. *Neris.* — De Nerée *ou* de Muré, en Berry.

Nerigum. Norwège, contrée et royaume du Nord, en Scandinavie.

Neris et *Aquæ Neri.* Neris, bourg du Bourbonnois.

Nervii, orum. Les Nerviens, anciens peuples du Hainaut.

Nethum. Noto, ville de Sicile.

Neucastrum. Nouatre, en Touraine.

Nevernum V. *Nivernum.*

Neustria. La Neustrie *ou* l'ancienne France Occidentale, qui renfermait la Normandie, et tout le pays entre la Meuse et la Loire jusqu'à l'Océan.

Nicæa. Nicée, à présent, Isnich, ville autrefois Métropole, en Bithynie. — *Massiliensium.* Nice, ville de Provence.

Nicænus ou *Nicenus, a, um.* De Nicée.

Nicia V. *Nicea Massiliensium.*

Niciensis, m. f. *se.* n. *is.* De Nice, en Provence.

Nicomedia. Nicomédie, ville épiscopale et capitale de Bithynie.

Nicomediensis, m. f. *se* n. *is.* De Nicomédie.

Nicopolis. Nicopolis, ville épiscopale de la première Arménie, — ville épiscopale de Cappadoce, sur les limites d'Arménie, — ville de Palestine, — ville de l'Epire, en Grèce.

Nicosia. Nicosie, ville Métropole et capitale de l'île de Chypre.

Nicosiensis, m. f. *se* n. *is.* De Nicosie.

Nigrum-monasterium. V. *Herimonasterium.*

Nimio. Nigeon, petit village, près de Paris, entre Chaillot et Passy.

Ninive. Ninove, abbaye en Flandre. — **V.** *Ninus.*

Ninivensis, m. f. *se* n. *is.* De Ninove.

Ninus. Ninive, ville d'Assyrie.

Nisibe, es. Nisibe, ville de Mésopotamie.

Nisibenus, a, um. De Nisibe.

Nitiobriges. Peuples du diocèse d'Agen (Lot).

Nivalis, Niviala et *Nivigella.* Nivelle, ville, et autrefois abbaye de Brabant Walon, entre Mons et Bruxelles, à présent chapitre double de chanoines et de chanoinesses.

Nivedunum. Nyon, en Suisse.

Nivernensis, m. f. *se.* n. *is.* De Nevers. — *Pagus,* le Nivernois, le territoire de Nevers.

Nivernum. Nevers, ville épiscopale et principale du Nivernois, sur la Loire.

Nivigellensis, m. f. *se* n. *is.* De Nivelles. **V.** *Nivalis.*

Nobiliacense monasterium et *Nobiliacum.* Le Noblat. S. Léonard-le-Noblat *ou* Noaillé, en Limousin. — Noaillé, abbaye en Poitou, — ancienne abbaye de S. Vaast, sur la rivière de Crinchon, à présent une porte de la ville d'Arras, en Artois. — Neuillé, en Poitou.

Nola. Nole, ville épiscopale de l'ancienne Campanie, à présent de la Terre de Labour, en Italie.

Nolanus, a, um. De Nole.

Nonantum. Nonant, en Normandie.

Nordgaviensis Pagus. Nordgau, en Alsace (Bas-Rhin).

Noricum. La Norique, province de l'ancienne Illyrie, qui contient à présent partie de la Bavière et partie de l'Autriche, en Allemagne.

Nortmannus et *Normannus, a, um.* Normand, qui est de Normandie.

Normannia et *Nortmannia.* La Normandie, partie de l'ancienne Neustrie, à présent province de France, placée entre la Bretagne, la Picardie et la Manche *ou* le Canal.

Northusia. Nordhousen, ville et abbaye de Turinge, en Allemagne.

Novacella. Newzell, abbaye en Lorraine.

Novem fontes, ium. Neuffons *ou* Neuffontaines, abbaye en Auvergne.

Novesium. Nuyts, ville du diocèse de Cologne, en Allemagne.

Novientium. V. *Clodoaldi.* V. *Noviomentum.*

Novigentum. Nogent, nom commun à plusieurs lieux. — *ad sequanam.* Nogent-sur-Seine, petite ville de Champagne. — *propè Montem Argisii.* Nogent, près de Montargis, en Gatinois. — *Virginum.* Nogent-les-Vierges, village du diocèse de Beauvais. - *ad Codiciacum.* Nogent-sous-Coucy, abbaye au diocèse de Laon, vers les limites de celui de Soissons.

Noviodunum. Neuvy-sur-Barignon, en Berry. — Nogent-le-Rotrou, dans le Perche. — Neupurg, en Hongrie. V. *Nivernum.* V. *Noviomagus.*

Noviodunum. Mal-à-propos surnommé *Diablintum* par Samson. *Neodunum, Novigentum, Rotrudum* ou *Rotrodi.* Nogent-le-Rotrou, ville du Perche (Eure-et-Loir).

Noviomagensis, m. f. *se.* n. *is.* De Nimègues. — *Tractus,* le quartier *ou* le territoire de Nimègues.

Noviomagum. Nimègues, ville du duché de Gueldres, dans les Pays-Bas.

Noviomagus. Noïon, ville épiscopale, en Picardie. — Numaghen, près de Trèves en Allemagne. V. *Nivernum, Lexoviorum.* Lisieux (Calvados).

Noviomensis. m. f. *se.* n. *is.* De Noyon.

Noviomentum. Autrefois, Nogent-sur-Seine, à présent S. - Cloud, petite ville près de Paris.

Noviomum. V. *Noviomagus.*

Nucastrum. V. *Neucastrum.*

Nuceria. Nocera, ville épiscopale de l'Ombrie, en Italie.

Nuceriæ, arum. Noguières, château et petite ville de Provence (Basses-Pyrénées).

Nucerianus, a um. De Nocera.

Nurcia. Norcia, Norcie *et* Narsie, petite ville du duché de Spolète, en Ombrie.

Nyssa. Nysse, ville épiscopale, en Cappadoce.

Nyssenus, a, um. De Nysse.

O

OBtricum. Mastricht, ville episcopale au pays de Liège (Flandre).

Occiacum. S.-Rainbert *ou* S.-Raimbert, ville du pays de Forez, près de la Loire.

Occidentalis, m. f. *se.* n. *is.* Occidental, de l'Occident.

Occitania. Le Languedoc, province de France.

Oceanus. L'Océan, la mer.

Ocelum. Exilles, en Dauphiné, Oux, près d'Exilles, vers le Piémont.

Octodurensis, m. f. *se.* n. *is* D'Octodure. V. *Octodurum.*

Octodurum. Octodure, ancienne ville de Véragues, en Walais. On croit que c'est Martignac *ou* Martigny, ou plutôt S. Maurice en Valais.

Octodurus Veragrorum. Martigny, dans le Bas-Valais en Suisse.

Odorna. V. *Orna-Villa.*

Odornensis Pag. Pays d'Ornois, en Lorraine.

Oenipons. Inspruck, ville du comté de Tirol, en Allemagne.

Oetilstenium. Edelstetin, en Souabe.

Ogia. V. *Augia.*

Olbincum. Blanc, en Berry.

Olda. Le Lot, rivière de France qui se jette dans la Garonne, et donne son nom à un département du midi.

Olina ou Olna. Orne, rivière en Normandie.

Olympus. Le Mont-Olympe, en Bithynie, — ville épiscopale, en Syrie.

Olysippo. V. *Ulysippo.*

Oma. Ogne, abbaye au diocèse de Burgos, en Espagne.

Oningis. V. *Gienna.*

Onolzibacchium. Anspach, en Franconie.

Opiteagium. Oderzo, ville épiscopale dans le Frioul.

Oratorium. Oroir, Oroair, Osoir *et* Ozoir, noms communs à plusieurs lieux. — Oroir *et* Oroair, abbaye de filles près de Beauvais. — *Brigensium.* Osoir en Brie, diocèse de Paris. — *Puteacensium.* Ousoir, entre le canal de Briare et la rivière de Trezée.

Orbisterium. Orbetiet, abbaye, au diocèse de Luçon.

Orcensis ou *Orcisus Pag.* Pays d'Orxois sur la rivière de Lourq (Aisne).

Orgellum. V. *Sedes.*

Orientalis. m. *f. se.* n. *is.* Oriental, de l'Orient, de *ou* du levant.

Origiacum. Archies en Flandre.

Ornavilla. Ornai, dans le Barrois, près du Bassigny.

Orschotensis, m. f. *se* n. *is.* D'Orschot, à Utrect, dans les Pays bas.

Osca. Huesca, ville épiscopale, dans l'ancien royaume d'Arragon, en Espagne.

Oscarensis pagus. Pays d'Ouchs *ou* Oscheret, en Bourgogne, entre les rivières de Tille, Vouge, Saône et la Côte.

Oscella. Maison illustre du duché de Milan, en Italie.

Osning pagus. Pays aux environs de Toul (Meurthe).

Ostia et *Ostia Tiberina, orum.* Ostie, ville épiscopale à l'embouchure du Tibre, en Italie.

Ostiensis, m. f. *se.* n. *is.* D'Ostie, qui est d'Ostie.

Ostiolum. Huisseau, près de Chambord, dans le Blaisois. V. *Occiacum.*

Ostrebantensis pagus. Pays d'Ostrevant en Hainaut (Nord et Pas-de-Calais).

Otlingua Saxonica ou *Saxonia pagus*. Le Bessin, pays aux environs de Caen (Calvados).

Otmensis pagus. Peut-être le pays d'Othe, en Champagne.

Otta Silva. Pays d'Othe, en Champagne.

Ottomium. Odensée, ville de l'île de Fuen, dans le Dannemarck.

Ovetensis, m. f. *se*. n. *is*. D'Oviedo.

Ovetum. Oviedo, ville épiscopale des Asturies, en Espagne.

Oviensis pagus. Pays d'Oye (Pas-de-Calais).

Oximensis, m. f. *se* n. *is*. D'Hiesmes.—*Pagus*. L'Hiemois, petite contrée en Normandie. Le pays à l'entour d'Hiesmes.

Oximii. Ossismi, ceux d'Exmes, diocèse de Séez (Orne).

Oximum. Hiesmes, ville en Normandie (Orne).

Oxonia. V. *Oxonium*.

Oxoniensis. m. f. *se*. n. *is*. D'Oxford.

Oxonium Oxford, ville épiscopale, sur la Tamise, en Angleterre.

P

*P*Abulensis *pagus*. Le pays de Pevelle *ou* Puelle (Flandre).

Paderburnensis, m. f. *se*. n. *is*. De Paderborn.

Paderburnum. Paderborn, ville épiscopale, l'une des Anséatiques, située entre Cassel et Munster, vers la source de la Lippe, en Allemagne.

Padua. V. *Patavium*.

Pagus.... signifie ordinairement, pays, territoir, contrée, les environs, voyez les mots qui sont joints.

Palatiolum. Platz, abbaye de filles, au diocèse de Trèves. — Palassole, abbaye en Toscane. — Palaiseau, près de Paris, — nom commun à plusieurs lieux.

Palatium Plexitium. V. *Plexitium.*

Palentia. Palence, ville épiscopale de l'ancien royaume de Léon, en Espagne.

Palestina. La Palestine, la Judée, la Terre-Sainte, située entre la Syrie propre et l'Arabie pétrée.

Palma. Baume-les-Nonnes. V. *Balma.*

Palmaria. Palmarola, l'une des îles voisines de la mer de Toscane.

Palum. Pau-en-Béarn (Basses-Pyrénées).

Pampilona. V. *Pompeiopolis.*

Pandataria. Sainte-Marie *ou* Pandataire, l'une des îles voisines de la mer de Toscane.

Pannonia. La Pannonie, ancienne contrée de l'Europe, qui contenait la partie d'Allemagne vers la Hongrie, et celle d'Hongrie vers l'Allemagne.

Panormitanus, a, um. De Palerme.

Panormus. Palerme, ville capitale de l'île de Sicile.

Paphus. Paphos, ville dans l'île de Chypre.

Papia. Pavie, ville de l'ancienne Lombardie, à présent du Milanez, en Italie.

Sancti-Pappuli fanum. S.-Papoul, ville épiscopale, dans le haut Languedoc.

Paravi, orum. Les Paravas, peuples de l'Inde qui babitent les Côtes de la Pêcherie, jusqu'à l'île de Manar, au sud-est de la presqu'île des Indes Orientales.

Parisiacus pagus. Le Parisis, île de France.

Parisiacus, a, um. De Paris, qui concerne, qui regarde Paris, qui à rapport à Paris. *Parisiacus ager,* le territoire de Paris, le pays autour de Paris, le diocèse de Paris. —Le Parisis, contrée de France. *Parisiaca urbs.* V. *Parisii. Territorum.* V. *Parisiacus ager.*

Parisiensis, m. f. *se. n. is.* De Paris, qui concerne Paris, — qui est d'antour de Paris, qui est du diocèse de Paris.

Parisii, orum. Paris, ville autrefois épiscopale,

à présent métropole et capitale de toute la France, — les Parisiens.

Parisinus, a, um. Parisien, qui est de la ville de Paris, qui est né à Paris.

Passagiensis tractus. Passais, archidiaconés du diocèse du Mans, et doyenné du diocèse de Séez, Normandie.

Passiniacum. Passignano, monastère près de Florence en Toscane.

Partheno Massiliensis. Parthémont, abbaye de filles, tout près de Marseille, en Provence, — nom commun à plusieurs monastères de filles.

Parthenope et *Parthenopolis.* V. *Magdeburgum;* V. *Neapolis.*

Parthi, orum. Les Parthes, les peuples de la Parthie.

Parthia. La Parthe, à présent l'Arach, contrée d'Asie.

Patavium. Pade *ou* Padoue, ville épiscopale dans la seigneurie de Venise.

Paterburnensis et *Paterburnum.* V. *Paderburnensis,* etc.

Paternacum ou *Paterniacum.* Petterlingen *et* Peyerne, petite ville et abbaye au pays des Suisses. — *Paternacum.* Perney, en Touraine.

Pathmos. Pathmos, l'une des îles Sporades, dans la mer Egée *ou* l'Archipel.

Patræ on *Patras.* Patras, ville épiscopale de l'Achaïe, dans le Péloponnèse.

Patriciacum. Patrici *ou* Percy, monastère au diocèse de Bourges. — Perrecy *ou* Persy, monastère, au pays de Charolois, en Bourgogne.

Patricliacum. Pairly *et* Perly *ou* Percy et Persy, au diocèse d'Avranches, en Normandie.

Paula. Paule, petite ville de la Calabre, au royaume de Naples, en Italie.

Pauliacensis, m. f. *se.* n. *is.* De Pavilly.

Pauliacensis pagus. Pays de Pouilly, Bourgogne Côte-d'Or.

Pauliacum et Pauliacus. Pavilly, abbaye au pays de Caux, en Normandie.

Pelusium. Peluse, ville autrefois épiscopale, puis métropole, à présent ruinée, dans la Basse-Egypte, vers l'une des embouchures du Nil.

Penetale. Pénète, monastère dans la Haute-Bretagne, aux extrémités du diocèse de Rennes.

Pentallium. Pental, sur la rivière de Lizirain ou Lizaine, vers la décharge de la Seine, au diocèse de Rouen en Normandie.

Pentapolis. La Pentacole, contrée de Libye, composée de cinq villes qui sont : Bérénice, Arcinoë, Ptolémaïde, Apollonie et Cyrène. La Pentapole entre la Palestine et l'Arabie, dont les cinq villes brûlées pour les crimes de leurs habitans étaient : Sodome, Gomorrhe, Seboïm, Adama et Balam.

Pergamum Pergame, ville épiscopale, *puis* métropole en Phrygie.

Perge, es. Perge, ville de Pamphilie, dans l'Asie mineure.

Periniacum. Pérignac, abbaye en Agennois.

Perona Pérone, ville de Santerre, sur la Somme, en Picardie.

Perpinianum. Perpignan, ville épiscopale (Basses-Pyrénées).

Persæ, arum. Les Perses, les peuples de la Perse.

Persia, La Perse, grand royaume, en Asie.

Persis, idis. La Perside, le Fars *ou* Farsistan, province du royaume de Perse. — La Perse. V. *Persia.*

Pertensis pagus. Le Pertois, pays de Champagne (Marne, Meuse, Haute-Marne).

Perticensis, m, f. *se.* n. *is.* Du Perche.—*Solitudo,* le lieu où est à présent la ville de Châteaudun. V. *Piciacum.*

Perticum. Le Perche, contrée, entre la Beausse et la Normandie (Orne et Eure-et-Loir).

Perticus. Major-le-Grand Perche, comprenant le Corbonnais, le Bellêmois, le canton de Nogent et ses environs (Orne et Eure-et-Loir).

Perticus Goeti pagus. Le Perche-Gouet ou petit Perche (Eure-et-Loir et Sarthe). V. *Perticum*.

Perusia et *Peresium*. Pérouse, ville épiscopale, en Toscane.

Pesenacum. Pesenas, ville (Hérault).

Petra Sancti Lucani. V. *Lucaniacum*.

Petracorii et *Petrocorii*, *orum*. *Petracorium* et *Petrocorium*. Périgueux, ville principale du Périgord.—*Petrocorii*, *orum*. Le Périgord, province de France, entre la Guienne, le Limousin et la Saintonge.

Petragoricensis pagus.

Petrapertusensis ager. Pierrepertusais, petite contrée du Languedoc (Aude).

Petragoricus pagus. Le Périgord (Dordogne).

Sanctus Petrus de Arcisiis. S.-Pierre-des-Arcis, paroisse, à Paris.—*Vicus*. S.-Pierre-le-Vif, abbaye, auprès de Sens.

Petuaria. Bewerley *ou* Bewerlac, ville du Notthumberland, en Angleterre.

Philadelphia. Philadelphie, ville épiscopale de Lydie, dans l'Asie mineure.

Philadelphii, *orum*. Les Philadelphiens, les habitans de Philadelphie.

Philippi, *orum*. Philippes, ville épiscopale de Macédoine du côté de la Thrace.

Phrygia. La Phrygie, province de l'Asie mineure, qui se divisait en grande et petite.

Phryx, *gis*, m. f. Qui est de Phrygie, Phrygien.

Pilenum. La Marche d'Ancône, contrée d'Italie entre l'Abruzze, le duché d'Urbain, la mer de Venise et l'Apennin.

Picia-um S.-Avi *ou* S.-Avit, abbaye d'hommes

près de Châteaudun en Dunois (Eure-et-Loir).

Petabio. V. *Pœtovio.*

Pictavæ, arum. V. *Pictavi.*

Pictavensis et *Pictaviensis,* m. f. *se.* n. *is.* De Poitiers, du Poitou, qui est de Poitiers, qui est du Poitou. — *Provincia.* Le Poitou, province de France.

Pictavi, orum et *Pictones, num.* Poitiers, ville capitale du Poitou.—Les Poitevins, ceux de Poitiers, ceux du Poitou.

Pila-Mellaria, Pile-Mellar, *ou* S.-Sauveur, abbaye de filles, au diocèse de Cordoue, en Espagne.

Pinciacensis ou *Pinciacus pagus.* Les environs de Poissy. Le Pincerais, petite contrée près de Paris, dont Poissy est la ville principale.

Pinciacensis pagus. Le Pincerais, île de France (Seine-et-Oise).

Pinciacum. V. *Pisciacum.*

Pipimesium et *Pipimesins vicus.* Pippimise *ou peut-être* Poincy à une petite lieue de Meaux.

Pisanus, a, um. De Pise. *Pisani, orum,* le territoire de Pise, — les habitans de Pise.

Pisciacum. Poissy, ville sur la Seine, à cinq lieues de Paris.

Piscina. Friequinze, abbaye en Suisse.

Pisidia. La Pisidie, province de l'Asie mineure, entre la Phrygie, la Lycaonie et la Pamphilie.

Pistoria et *Pistorium.* Pistoie, ville épiscopale, en Toscane.

Pithiver. Pluviers *ou* Piviers, ville du Gatinois, au diocèse d'Orléans.

Pithiverensis pagus. Le Piverais, pays de Pithiviers (Orléanais).

Pithius, untis Pithyes *ou* Pithyuse, sur le bord du Pont-Euxin, vers la Colchide.

Pictabionencis, m. f. *se.* n. *is.* De Pettaw. V. *Pœtovio.*

Placentia. Plaisance, ville épiscopale du duché de Parme, en Italie.

Placentinus, a, um. De Plaisance.

Plebs-Lanci et mieux *Plebs-Launi.* Plélan, autrefois abbaye, *et depuis* paroisse et prieuré, près de Redon, en Bretagne.

Plessiacum. Plessitum, Plexiacum, Plexitium, Plexitium Palatium et *Plicatitium.* Plessis-les-Tours, *autrefois,* château, *et depuis* monastère, près de Tours.

Plumbariola. Plombariole, monastère à une lieue et demie du Mont-Cassin.

Podiensis, Podiacensis pag. Le pays de Puisaye en Gatinais et Orléanais (Yonne-et-Nièvre).

Podium. Pouy, patrie de Saint-Vincent-de-Paule (Landes).

Pætovio et *Pætovium.* Petaw, ville de l'ancienne Pannie, aujourd'hui de Styrie, sur la Drave.

Politianus Mons V, *Mons.*

Polonia. La Pologne, royaume, au pays des anciens Sarmates, en Europe, du côté de la Germanie.

Pompeïacum. Pompeïac *ou* Poncy, petite ville de l'Agenois.

Pompeïopolis. et *Pompelo.* Pampelune, ville capitale du royaume de Navarre, en Espagne.

Pompelonensis, m. f. sc. n. *is.* De Pampelune.

Pons ad Ararim. Verdun, ville épiscopale.

Pons ad Axonam. Fismes, petite ville entre Soissons et Rheims (Marne).

Pons ad Ligerim. Le Pont de Cé, près Angers (Maine-et-Loire).

Pons-Isaræ et —*œsis.* Pontoise, ville du Vexin Français, au diocèse de Rouen. — *Simardi,* Senerpont, au diocèse d'Amiens.

De Ponte caro. Poncher, nom d'homme.

Pontia. Ponza *ou* Ponce, l'une des petites îles voisines de la mer de Toscane, la même que *Palmaria.*

Sancti Pontii Tomerarium fanum, S.-Pons-de-Tomiéres, abbaye, *puis* ville épiscopale dans le Bas-Languedoc.

Ponti-Eremus.—Solitudo. Désert, solitude dans la province du Pont. V. *Pontus.*

Pontigonensis, m. f. *se*. n. *is*. De Pontgoin.

Pontigonum. Pontgoin, petite ville du Perche.

Pontiniacensis, m. f. *se*. n. *is*. De Pontigny.

Pontiniacum. Pontigny , abbaye de Champagne, au diocèse d'Auxerre (Yonne).

Pontisara. V. *Pons-Isaræ.*

Pontivum et *Pontivus pagus.* Le Ponthieu, province de la Basse-Picardie.

Pontus. Le Pont, grande province, dans la partie septentrionale de la Cappadoce, dans l'Asie mineure.

Populoniensis, m. f. *se*. n. *is*. De Populone, de Piombino.

Populonium. Populone *ou* Piombino, ville ancienne de Toscane, vis-à-vis de l'île de Sicile.

Porcensis pagus. Ancien comté de Porcien en Champagne (Ardennes).

Sancti-Porciani fanum. S.-Pourçain, ville d'Auvergne sur la Sioule.

Porta Dalhnitica. V. *alhnes.*

Portensis pagus. Le Portois, pays de Franche-Comté Haute-Saone. — Autre en Lorraine (Meurthe).

Portus-Gratiæ Le Havre-de-Grâce Seine-Inférieure.—*Ballius.* Port-Bail (Manche).

Portus-Herculis. Monaca *ou* Mourques, ancienne principauté sur la côte de Gênes, proche la Provence.

Portus-Santonum. La Rochelle, ville épiscopale

Portus-Romanus. Porto, ville maritime de Toscane, à l'embouchure du Tibre.—*Ad Suminam* le Port-Lieu du Ponthieu, à la décharge de la rivière de Somme, en Picardie. *Ballius* Port-Bail (Manche).

Portus-Sicor ou *Secor*. Les Sables d'Olonne ou selon d'autres Luçon, en Vendée.

Posonium. Presbourg, ville de Hongrie, sur le Danube.

Præmonstratum et *Præmonstratus-Locus*. Prémontré, vallon *et* abbaye, dans la forêt de Caucy, au diocèse de Laon.

Præneste, es. Palestrine, ville épiscopale de l'ancien Latium, à présent de la Campanie, en Italie.

Praga. Prague, ville métropole et capitale du royaume de Bohême.

Pragensis, m. f. *se*. n. *is*. De Prague.

Pratea. La Prée, abbaye, au diocèse de Bourges.

Pressiniacum. Pressigné, en Anjou.

Primuliacum. Primlau, au Luxembourg, vers les confins de l'Aquitaine.

Priscillæ Cœmeterium. Le cimetière de Priscille. sur le chemin du Sel, près de Rome.

Prisciniacum. Prescigny, village du Berry, assez près de la rivière de Cher.—*Ad Calaronam* et *Biocum* ou *agri Lugdunensis*. Preffigny *ou* Perfieu, lieu, près de la rivière de Chalarine et le ruisseau de Bief *ou* de Bieu, entre la Bresse et la souveraineté de Dombes.

Privatensis pagus. Pays de Saint-Privat, en Auvergne (Puy-de-Dôme).

Sanctus Priscus. S.-Prest, au diocèse de Chartres.

Pronaum. La nef d'une église.

Provilliacum. V. *Prulliacum*.

Provincia. La Provence, province de France, — province.

Provinensis pagus. Le Provinois, pays de Provins (Seine-et-Marne).

Prulianu-Locus. Prouille, monastère de filles,

en Languedoc, entre Fanjaux et Carcassonne.

Pru Lacum. Breuilly-sur-Claise, en Touraine.

Prumia. Prom *ou* Pruym, abbaye et petite ville, au nord de Trèves, vers la source de la rivière de Prom.

Mons-de-Pruno. Le Mont-de-Pruno, montagne du Pisan, et retraite de S.-Guillaume-de-Malle-vale avant cette dernière.

Prussia et *Prutheni, orum.* La Prusse, royaume dans la Pologne, entre la mer Baltique, la Poméranie, la Grande-Pologne, la Lituanie et la Samogitie.

Pruvinensis, m. f. *se.* n. *is.* De Provins.

Pruvinum. Provins, ville de la Brie au diocèse de Sens.

Pseudunum. V. *Seudunum.*

Ptolemais, idis. Ptolemaïde, à présent Tolometa, ville de la Pentapole de Lybie.

Puellare-monasterium. Peulle - Moutier, abbaye de filles sur la rivière de Vovré en Champagne.

Pulmanum. Polignano, ville épiscopale et monastère de la terre de Labour, au royaume de Naples, en Italie.

Puppingum. Puppingen, en Autriche.

Puteoli, orum. Pouzzol, ville épiscopale, maintenant de la terre de Labour en Italie. — V. *Dervense.*

Puteus Sancti-Sigismundi. S.-Simond *pour* Sigismond, près de la Colombe au diocèse d'Orléans.

Pyrenæi-montes. Les Mons-Pyrénées, chaîne de montagnes qui séparent la France de l'Espagne.

Q

Q*Uadrigellenses, ium.* Le Charollois, contrée en Bourgogne.

Quadriviœ, arum. Carrouges, nom commun à plusieurs lieux.

Quantia Flumen. Le Canche, rivière de Picardie,

Quatuor - Villæ, arum. Quattrouville, près de Trente, en Italie.

Quercus. Le Chêne, faubourg de Calcédoine.

Quercus Galonis. Chêne-Galon, monastère dans la forêt de Bellême (Orne).

Quintilinoburgum, Quedelimbourg, ville et abbaye de filles, dans la Saxe, au diocèse d'Halberstad.

Quintiacum. Quincy *ou* Quinçay, *et* S.-Benoît-de-Quinçay, abbaye en Poitou, à deux lieues environ de Poitiers.

Quintini- Oppidum. — Fanum. S.-Quentin, ville du Vermandois, dans la Haute-Picardie.

R

Radensis ou Redensis pagus. Le pays de Razés en Languedoc (Aude).

Radeverum. Réviers monastère, diocèse de Bayeux.

Ramerunum - Castrum, Ramerudum, Raimerus, udis et Oppidum-Ramerudis. Rameru, bourg de Champagne, sur la rivière d'Aube.

Ramuta. Ramula, en Palestine, près de Lydde.

Randanum. Randan (Puy-de-Dôme).

Randanum. S.-Jean-de-Randan, abbaye, diocèse de Clermont (Puy-de-Dôme).

Ratiastum. V. *Inculisma.*

Ratiatensis. V. *Ratiate.*

Ratiate et Rattatum. Le pays de Retz, au diocèse de Nantes.

Ratispona. V. *Augusta-Tiberii.*

Rauga. V. *Rodium.*

Ravenna. Ravennes, ville métropole et principale de la Romagne, en Italie.

Ravennates, tum. Les habitans de Ravennes, ceux de Ravennes.

Ravennensis, m. f. se. n. is. De Ravennes.

Rauga. V. *Rodium.*

Redingensis, m. f. *se.* n. *is.* De Redingue, en Angleterre.

Redingum. Redingue, ville de la contrée de Barckshire, en Angleterre.

Redonenses, *ium.* Les environs de Rennes.

Redonensis, m. f. *se.* n. *is.* De Rennes.

Redones, *num.* Rennes, ville épiscopale et capitale de Bretagne.

Redonicus. V. *Redonensis.*

Reesium. Rées, petite ville du duché de Clèves, en Allemagne,

Regensis. Pag. V. *Regium.*

Regiensis, m. f. *se.* n. *is.* De Regio, en Italie. — De Riez.

Reginoburgum. V. *Augusta Tiberii.*

Reginodum. Redon ou S. Sauveur de Redon. abbaye, au diocèse de Vannes, en Bretagne.

Reginopolis. V. *Augusta Tiberii.*

Registete. V. *Reistete.*

Registetensis, m. f. *se.* n. *is.* Du Retelois.

Regitianus, *a*, *um.* De Pavie V. *Papia.*

Regium. Riez, ville épiscopale, de Provence.

Regula. Reolé, Reoule et la Reole, monastère sur la Garonne, au diocèse de Bazas.

Reguliacum. V. *Riguliacum.*

Reii, *orum.* V. *Regium.*

Reistete. Retel, ville sur l'Aine, au diocèse de Reims, en Champagne.

Reisestinus. Pag. Le Rhételais (Ardennes).

Remensis, m. f. *se.* n. *is.* De Reims. — *urbs.* v. *Remi* — *Provincia.* Le Remois, contrée de Champagne, dont Reims est la Capitale.

Remi, orum et *Urbs Remorum.* Reims, ville Métropole, en Champagne.

Rentiacum et *Rentica.* Renti, bourg et monastère dans l'Artois.

Reomagus et *Reomaus.* Reomé, abbaye, dans le

Pays d'Auxois, au diocèse de Langres, en Champagne.

Resaphæ, arum. Rasaphe, dans la province d'Euphratese, en Syrie.

Resbacis, Resbacum et Respacum. Rebais, abb. ye, au diocèse de Meaux, en Brie.

Resbacensis et Respacensis, m. f. *se.* n. *is.* De Rebais, (Seine-et-Marne près Coulommiers).

Retina. Retines, village, près de Liège.

Reuvisius pag. Pays de Rhuys en Bretagne (Morbihan.)

Revisio et Ruessio vellavorum. v. *Anicium.*

Reumvicius et Reuvvisius. Ruys, en Bretagne, au midi de Vannes (Morbihan).

Rhæti et Rhætia. La Rhetie. Le pays des Grisons, en Allemagne.

Rhætiaria. Rhessare, en Pannonie.

Rhedo, et Rhegensis, et Rhemensis, et V. *Re....* sans h

Rhegini, orum. Les habitans de Regio, en Calabre.

Rhegium-lepidi. Reggio, ville du Modenois, en Italie. — *Julii.* Reggio, ville de Calabre, en Italie. v. *Regium.* v. *Regii.*

Rhenensis, m. f. *se.* n. *is.* De Rien, contrée de Flandre.

Rhenum. Le Rhin, fleuve d'Allemagne.

Rhodanus Fluvius. Le Rhône, rivière de France.

Rhotomagensis, Rhotomagus, et V. *Rotomagensis,* etc.

Rothonensis, m. f. *se.* n. *is.* De Redon. v. *Reginodum.*

Sanctus Richarius. S. Riquier, ville du Ponthieu, en Picardie.

Ricomagus et Riomagus. Riom, ville d'Auvergne, près de Clermont. — v. *Réomagus.*

Rigulliacum. Rilly, au diocèse de Reims, sur l'Aine, en Champagne.

Rilliacum. Rilly, village près de Troies, en Champagne.

Rinocorura. Rinocolure, en Égypte.

Riomensis pag. Pays de Riom. (Puy-de-Dôme.)

Rivanæ, arum. Rieux, sur la Garonne, ancien évêché.

Rodanensis pag. Le Roannais, pays de Roanne. (Loire.)

Rodenacum. v. Rotnacum.

Rodium. Roye, ville de Santerre, en Picardie.— Reux, en Hainaut.

Roma. Rome, ville capitale de l'Italie, *et* le Siége de N. S. P. le Pape.

Romamense Monasterium. Romaus, abbaye en Dauphiné, au diocése de Vienne, sur l'Isère.

Romanum Monasterium. V. Romanense.

Romaniacus Mons. Sainte Céronne, près Mortagne, le mont Romigny, où est batie, l'église de cette paroisse. C'était l'ancien cimetière de la ville de Mont-Cacune, détruite vers 286. On y trouve beaucoup de tombeaux et d'ossemens. (Orne).

Romarici Mons. Remiremont, abbaye, au nord des monts des Vosges, en Lorraine.

Roffa et Roffi, orum. Rochester, ville épiscopale, au pays de Kent, en Angleterre.

Roffensis, m. f. *se*. n. *is*. De Rochester.

Rosetum vetus. Roset-le-Vieux, en Gatinois.

Roschildensis. m. f. *se*. n. *is*. De Roschilde.

Roschildia. Roschilde, ville de l'île de Zélande, en Dannemarc.

Roslensis Pag. Pays de Blois, en Lorraine, (Vosges).

Rossontensis Pag. Pays de Resson (Aisne).

Rota. La Roe, La Roé *ou* Notre-Dame-aux-Bois, abbaye au diocése d'Angers. — Rode, ville de l'ancien Royaume d'Arragon, en Espagne.

Rotnacum et Rotornacum. Ernay, Ronce *ou* Rosnoy, bourg de Flandre, entre Tournay et Oudenarde.

Roto. V. *Reginodum.*

Rotomagensis, m. f. *se.* n. *is.* De Rouen.

Rotomagus. Rouen, ville métrepole *et* capitale de Normandie. — Ruan *ou* Pont-de-Ruan, bourg de Touraine.

Rotondæ, arum. Retondes *ou* S.-Pierre-de-Retondes, en Soissonnois.

Ruessio. V. *Revisio.*

Rufiacum. Rufey, en Franche-Comté (Doubs).

Runiacum. Villiers-S. Josse, village du Ponthieu, à l'embouchure de la rivière du Canche.

Rupella. La Rochelle, ville épiscopale *et* principale du pays d'Aunis, en Saintonge.

Rupellensis, m. f. *se.* n. *is.* De la Rochelle.

Rupes amatoris. Roquemadour, en Quercy. — *cavardi.* Rochechouart, petite ville de la Marche Limousine. — *fortis.* Rochefort *ou* Pegnafort, en Catalogne. — *Radulphi.* Rocrois, en Retelois. — *Super Tone.* La Roche-sur-Yon, au diocèse de Luçon.

Ruspensis, m. f. *se.* n. *is.* De Ruspe.

Ruspina. Ruspe, ancienne ville maritime d'Afrique.

Russi, orum. Les peuples de la Russie. — V. *Russia.*

Russia. La Russie, partie de la Pologne.

Ruteni, orum et *Rutenia.* V. *Rutheri,* etc.

Rutenula. Rodelle, bourg du Rouergue, sur la rivière de Sèze, près de Rhodez.

Ruthenensis, m. f. *se.* n. *is.* De Rhodez. — Du Rouergue.

Rutheni, orum et *Ruthenia.* Le Rouergue, partie de l'Aquitaine. — Rhodez, ville capitale du Rouergue. — Ancien pays des Sarmates, vers le Danube.

Ruyensis, m. f. *se.* n. *is.* De Ruys. V. *Reum visius.*

S

Sabaria. Sabarie, ville de l'ancienne Pannonie, à présent, Szombathely, petite ville, sur la rivière de Guntz, en Hongrie.

Sabaudi, orum. Les peuples de Savoie. Les Savoyards.

Sabaudia. La Savoie, état situé entre le Dauphiné, le pays de Genève, le Mont-Ferrat *et* le Milanez.

Sabini, orum. La terre Sabine *ou* des Sabins, à présent petite province de l'état ecclésiastique, en Italie.—Savins, près de Provins, en Brie.

Sabiniacum. Savigny, abbaye, au diocèse d'Avranches, en Normandie.

Sabis. La Sambre, rivière du Hainaut.

Sablolium. Sablé, au pays du Maine.

Sabulum-Patricii. S. Patrice *ou* Sabhull-Pedrigh, monastère, près de Dovvn, en Irlande.

Sacilinium in Pago Medenantesi. Seclin, bourg du pays Melantois, en Flandre.

Sacracelia. Sercanceau, abbaye, au diocèse de Sens.

Sacrum-Cæsaris V. *Saxiacum.*

Sagiensis, m. f. *sc.* n. *is.* De Seèz. *pagus.* Le territoire de Seèz.

Sagii ou *Saii, orum* et *Sagium.* Seèz, ville épiscopale, en Normandie.

Sagona et *Sagonium.* Sonne ou Saône, ancien bourg, au pays du Maine.

Sagonensis pagus et *Sagonenses, ium.* Le Sonnois, pays au Maine, à qui *Sonne* a donné le nom. V. *Sagona.*

Sagaunensis. V. *Sagonensis.*

Salamina et *Salamis.* Salamine, ville de l'île de Chypre.

Salaminensis, m. f. *sc.* n. *is.* De Salamine. *Salaminenses, ium.* Les habitans de Salamine.

Salaniacum. Saligny, en Limousin.

Salanica et *Salanicum.* Salanigo, au diocèse de Vicence, en Italie.

Salanicensis, m. f. *se.* n. *is.* De Salanigo. *Salanicenses Saltus.* La forêt, les bois de Salanigo.

Salduba V. *Cæsar-Augustana.*

Salecio. V. *Salsa.*

Salesgunstadiensis, m. f. *se.* n. *is*. De Salingestar.

Salesgunstadium. Salingestar, ville du diocèse de Mayence, en Allemagne.

Salentiacum. Salency, en Vermandois (Aisne).

Salecius, a, um. De Sales.—*Castrum*. Sales. Le château de Sales, au pays de Genève.

Saletia, arum. Sellettes, au diocèse de Blois.

Saligina et *Saliginum*. S. Martin-de-Saintes, ancienne abbaye de Saintonge.

Salina, arum. Salins, ville de la Franche-Comté.

Salinensis, m. f. *se.* n. *is*. De Salins.—*Pagus*. Le Saulnois en Lorraine.

De Salis Beata Maria. Notre-Dame de Sales, autrefois monastère de filles, puis d'hommes, à présent église canoniale, à Bourges.

Salisburgensis, m. f. *se.* n. *is*. De Saltzbourg.

Salisburgum. Saltzbourg, ville métropole, en Bavière.

Salisso. V. *Salsa*.

Salix. La Saussaye, tout près de Paris.—Nom commun à plusieurs lieux.

Sallanica. V. *Salanica*.

Salmantica. Salamanque, ville épiscopale de l'ancien royaume de Léon, en Espagne.

Salmensis. Pag. Pays de Salm (Vosges).

Salmoracensis. Pag. Salmorenc, aujourd'hui détruit aux environs de Grenoble (Isère).

Salmurrum et *Salmurus Andicavorum*. Saumur, petite ville de l'Anjou.

Salodurum et *Salodurus Helvetiorum*. Soleure, ville capitale de l'un des treize cantons de Suisse de même nom.

Salona. Salone, ville épiscopale de Dalmatie.

Salonitanus, a, um. De Salone.

Salsa et *Salsæ, arum*. Saltz, ville et abbaye, sur le Rhin, en Alsace.

Saltus. Cherchez les mots qui y sont joints.—Le Sault (Aude).

Salvia. Sauge *ou* Saulge, village au pays du Maine.

Salviæ aquæ. V. *Aqua.*

Salvii fanum.—oppidum. S. Sauge, petite ville du Nivernois.

Salzburgensis et *Salzburgum.* V. *Salisburgensis*, etc.

Samarobriva. V. *Ambiani.*

Samosata, orum. Samosates, ancienne ville épiscopale de Syrie, sur l'Euphrate.

Samosatensis, m. f. *se.* n. *is.* De Samosates.

Samothracia. Samothrace, à présent Samandrachi, ile de l'Archipel,

Sanarius Mons. Monte-Senari, en Toscane, près de Florence.

Sanciacum et *Sanctiacum.* Sancy, Saucy *ou* la Couture-S.-Ouen, près de Soissons.—Sancian, île de l'Océan Oriental vers la Chine.

Sancianus, a, um. De Sancian.—*Insula.* V. *Sanciacum.*

Sancta Nympha. Sancta-Nympha, nom Italien d'un village, près de Rome, sur le chemin de Cornelius.

Sanctio. Sekingen *ou* Sekinge, ville et chapitre de chanoinesses, en Souabe sur le Rhin.

Sancteriensis. Pag. Santerre, en Picardie (Somme).

Santæ, arum. Santena *ou* Bertun, à présent Santen *ou* Zanten, petite ville du pays de Clèves, au diocèse de Cologne, en Allemagne.

Santensis, m. f. *se.* n. *is.* De Bertun, de Santen.

Santonæ, arum et *Santones, num.* Saintes, ville épiscopale *et* principale de la Saintonge.

Santonensis, m. f. *se.* n. *is.* De Saintes.— De la Saintonge.

Santonia. La Saintonge, province de France, placée entre le Poitou, l'Océan, la Guienne et le Périgord.

Sanwichus. Sandwich, ville d'Angleterre, au

comté de Kent, ancien port de mer comblé, à quatre lieues de Cantorbéry.

Saponaria. Saponare, au royaume de Naples. *Saponariæ, arum.* Savonières, près de Toul en Lorraine.

Sarabris. Zamora, ville de l'ancien royaume de Léon, en Espagne.

Saravensis. Pag. Sarregau (haut et bas), pays de la Sarre (Moselle et Meurthe).

Sarcinæ, arum. V. *Serginia.*

Sarchinium, Sarcingum et *Sarcinium.* Sorcing, Sorcin *ou* Sercin, en Artois, entre les diocèses de Cambray et de Terouenne.— Sarcing *ou* S.-Tron, au pays de Liège.

Sardica. Sardique, ville des Daces *ou* de Thrace.

Sardicensis, m. f. *se.* n. *is.* De Sardique.

Sardinia. Sardaigne, île de la mer Méditerranée.

Sardes, ium et *Sardis.* Sardes, ville de lydie, dans l'Asie mineure.

Sargia et *Sargiensis insula.* Gersey, île entre la Bretagne et l'Angleterre.

Sarlatensis, m. f. *se.* n. *is.* De Sarlat.

Sarlatum. Sarlat, ville épiscopale du Périgord.

Sarnaium et *Vallis Sarnensis.* Les Vaux de Cernay, abbaye au diocèse de Paris, vers celui de Chartres.

Sarnensis. Pag. Sernés. (Gironde.)

Sarraceni, orum. Les Sarrasins, peuples d'Arabie.

Sarta Fluvius. La Sarte, rivière de France.

Sartula. Le Sarton, petite rivière (Orne-et-Sarthe.)

Sarum. Salisbury, ville épiscopale, en Angleterre.

Sasima, orum. V. *Sazimi.*

Sathanacum. Sathay, ville de Lorraine, vers la Champagne,

Saturniacum. Saturniac, petit village sur la rivière d'Aube, en Arcy, diocèse de Troyes.

Saviniacum et *Savinneium.* V. *Sabiniacum.*

Saviniacensis, ager. Savigny (Lyonnais).

Saxiacum. Chezay *ou* Sisey, au diocèse de Coutance, en basse Normandie.—Seissac, au diocèse de Carcassonne, en Languedoc.—*ad Saleram*. Sassy, sur la Sandre, dans le comté de Sancerre, en Berry.—*ou Sessiacum*. Sessac, bourg de l'ancienne Aquitaine, à présent vers les limites de l'Armagnac et du Bigorre.— ou *Secussium*. Seissieu, abbaye en Bugey, près du Rhône.

Saxianum. Sancerre, ville du Berry.

Saxi Fontana. Saisse-Fontaine, au diocèse de Langres.—Sesse-Fontaine, près de Chaumont, en Bassigny.

Saxones, num. Les Saxons, les peuples de Saxe, en Allemagne.—*in Angliâ*. Les Saxons d'Outre-mer, ceux des Saxons qui s'étaient rendus maîtres de la Grande Bretagne.

Saxonia. La Saxe, contrée d'Allemagne.

Saxula. Saller *ou* Sazelen, petite ville des Suisses, au canton d'Underwal, diocèse de Constance.

Saxumvivum. Sassovivo, près de Foligny, en Italie.

Sazimi, orum. Sazimes, bourgade, devenue épiscopale, sur le grand chemin de la Cappadoce.

Scadinensis pag. (Lorraine.)

Scalda et *Scaldis*. L'Escaut, fleuve de Flandre.

Scamnum. Ecan, en Auxerrois. — *Scamnis*. Ecos, chef-lieu de canton (Eure).

Scania. Scandinavie, la partie la plus septentrionale de l'Europe, qui comprend à présent les royaumes de Suède et de Norwège.

Scaphusia. Scaphouse, ville capitale de l'un des treize cantons des Suisses de même nom.

Scarmensis ou *Carmensis*. *Pag*. Le Charmois. (Lorraine.)

Scarpa. La Scarpe, rivière de l'Artois.

Scarponensis pag. Le Scarponnais (Lorraine).

Schireburnum. Sherborne, ville épiscopale, en Angleterre.

Schireburnensis, m. f. *se*. n. *is*. De Sherborne.

Sehonaugia. Schonauge *ou* Schonaug, double abbaye en Ardennes. — Abbaye en Franconie. — Abbaye d'Allemagne.

Scete Desertum. Le désert de Sceté, dans la basse Égypte.

Sclancum. Élan, en Retelois.

Sclavi, *orum*. Les Esclavons, les peuples de l'Esclavonie.

Sclavonia. L'Esclavonie, contrée du royaume de Hongrie, dans l'ancienne Illyrie.

Scillitæ, *arum*. Scillite, ville de la province Proconsulaire d'Afrique.

Scillitanus, *a*, *um*. De Scillite, habitans de Scillite. — *civitas*. V. *Scillitæ*.

Scicianus, *a*, *orum*. De Sisceg, en Illyrie.

Scobritum. S.-Viau-de-Retz, sur les limites du bas Poitou, et de la Bretagne.

Sconhavia. V. *Schonaugia*.

Scoti, *orum*. et *Scotia*. L'Ecosse, royaume dans l'île de la Grande-Bretagne. — Autrefois l'Irlande, île près de la Grande - Bretagne. V. *Hibernia*.

Scudensis pag. Pays de Scodingue (Jura).

Scyllaceum et *Scyllacium*. Squillace *ou* Squillaci, ville épiscopale et maritime de la Calabre, en Italie.

Scyllitæ et *Scyllitanus*. V. *Scillitæ*, etc.

Scythia. La Scythie. La Tartarie, contrée d'Europe et d'Asie. — La petite Scythie, province à l'extrémité de l'empire romain, à l'embouchure du Danube.

Scythi, *orum*. Les Scythes, les peuples de Scythie.

Scythopolis. Scythople, ville épiscopale à cinq lieues du Jourdain, en Palestine.

Sebaste, *es*. Sebaste, ville épiscopale, puis métropole de la petite Arménie. — Ville de la Palestine, rebâtie sur l'ancienne Samarie.

Sebastensis , m. f. *se.* n. *is.* et *Sebastenus , a, um.* De Sébaste, en Arménie.

Sébustani, orum. Le Bugey, contrée près du Lyonnois . *Latiniacum Sebusianorum.* Lanieu, en Bugey.

Sebusianus , a , um. De Bugey.

Secalaunia. La Sologne, pays, entre la Beausse et le Berry.

Secanica. Sequingue , près de Bâle en Suisse.

Secustero. V. *Sistarica.*

Sedelocum et *Sedoleucum.* Saulieu, petite ville de Bourgogne, au diocèse d'Autun.

Sedes Orgelitana. La Seu d'Urgel, en Espagne.

Sedilaucum. V. *Sedelocum.*

Sedunum. Syon *ou* Sitten, ville épiscopale du Walais, dans les Alpes. V. *Acaunum.*

Segestericus pag. Pays de Sisteron (Basses-Alpes).

Segester. V. *Sequani.— Segeste pag.* Pays aux environs de Mirebeau (Côte d'Or).

Segestero. V. *Sistarica.*

Segintensis pag. Saintois, (Lorraine).

Segobia. Ségovie, ville épiscopale de la vieille Castille, en Espagne.

Segodunum. Rodez. V. *Rutheni.*

Segustero. V. *Sistarica.*

Segusteronensis , m. f. *se.* n. *is.* De Sisteron. V. *Sistarica.*

Selandia. Zeland, île du Dannemarck.

Seleuci, orum. V. *Scavi.*

Seleucia. Séleucie, ville métropole d'Isaurie, dépendante du patriarchat d'Antioche. C'est là que se tint le Concile de ce nom, en 559.— *ou* Salec, ville épiscopale sur le Tibre, dans la Perse.

Seleuciensis , m. f. *se.* n. *is.* De Séleucie, en Isaurie.

Sellescium. Salèche, en Hainaut.

Sempringhamensis. Sempringhau, contrée d'Ang.

Sena et *Senæ*, *arum*. Sienne, ville métropole, de Toscane, en Italie.

Senensis. m. f. *se*. n. *is*. De Sienne.

Senogia. Soignies, petite ville en Hainaut, du côté du Brabant-Walon.

Senonæ, *arum* et *Senones*, *num*. Sens, ville métropole, dans le gouvernement de Champagne.

Senonensis, m. f. *se*. n. *is*. De Sens.

Senoniæ, *arum*. Sénones, abbaye, en Lorraine, dans les Monts des Vosges, près de l'Alsace.

Senonicus, *a*, *um*. V. *Senonensis*.—*Pagus*. Le Senonois, contrée, dont Sens est la capitale.

Sentica. V. *Sarabris*.

Septa. Ceuta, ville du royaume de Fez, dans la Mauritanie, en Afrique.

Septimania. La Septimanie, partie de le Gaule Narbonnoise, à présent le bas Languedoc.

Sequana Fluvius. La Seine, rivière de France.

Sequani Monasterium. S.-Seine, abbaye et petite ville en Bourgogne, à cinq lieues de Dijon. — *Sequani*, *orum*. La Franche-Comté.

Sequanus pag. Pays de la Saône, en Bourgogne.

Seredignum, *Seredinum*, *Seredinnus* ou *Seredignus vicus* Sardène, village du Limousin, près de la Marche.

Sancti Serenici Castrum. S.-Sélerin *ou* S.- Sérénic, abbaye, sur la Sarthe, aux extrémités du Maine, diocèse de Séez.— Saulge, village du pays du Maine.

Sergianum. Sarzane, ville épisopale de Toscane.

Serginia Villa. — *Silva*. Sergines, prieuré, au diocèse de Sens, entre les rivières d'Yonne et de Seine.

Sergiopolis. S.-Serge, ville de la Syrie-Euphrateséenne.

Seriacum et *Sericiacum*. Seris *ou* Sery, près de Bourges.

Sesania. Sézane, ville de la Brie, aux sources du Morin.

Sesciacum. Sessac. V. *Saxiacum.*

Sessiacus. Aujourd'hui .-Pair-sur-mer, canton de Granville, anciennement forêt et désert, nommé Scicy. (Manche).

Sessui, orum. V. *Sagii.*

Setuacatum. Aichstet *ou* Eichstat, ville épiscopale, au palatinat de Bavière, à trois lieues de Neubourg.

Sedunum. Semout, Suin *ou* Blesmoth, village, au diocèse d'Autun, en Bourgogne.

Severi Oppidum. S.-Séver, petite ville de Gascogne, à trois lieues de Tarbes.— Autre petite ville sur l'Adour, au diocèse d'Aire.

Sexiacum. Sessac. V. *Saxiacum.*

Sextiacum. Sers, en Bigorre.

Sexti Suburbium. Le Sexte, lieu à six mille de Carthage, en Afrique.

Sibida. Sibide, ville de la province Bizacène, en Afrique.

Sicamber, bra, brum. Sicambre, qui est de Westphalie. *Sicambri, orum.* Les Sicambres, les peuples de Westphalie.

Sicambria. La Westphalie, grande province d'Allemagne, située entre la mer d'Allemagne, les pays-bas et la basse Saxe.

Sicaster. V. *Sequani.*

Sicilia. La Sicile, ile de la mer Méditerranée.

Sicinum. Partie du Mont Esquilin à Rome.

Sidolocum. V. *Sedolocum.*

Sancti Sidonii Monasterium. S.-Saens, monastère, au pays de Caux, en Normandie.

Sigalonia. V. *Secalaunia.*

Sigillariæ, arum. Scellières, abbaye, au diocèse de Troies, en Champagne, sépulture de Voltaire.

Signia et Signium. Sègne *ou* Segni, ville épiscopale de l'ancien Latium, en Italie.

Siliciata. Salcède, près de Tuy, dans la Gallice, en Espagne.

Silva Aquilina. V. *Aquilina*. —. *Cana*. Sauve-cave, abbaye, au diocèse d'Aix en Provence. —*Cotia*. La forêt de Compiègne. V. *Compendium*.— *Lata*. Saubalade, abbaye au diocèse de Lescar dans le Bearn.—*Livallia*. V. *Livallia*. — *Major*. Sauve - Majour, la Seauve, Silve-Majeur, la Seoube, la Seauvemaise, abbaye de bénédictins, en Guienne.

Silvanectensis, m. f. *se*. n. *is*. De Senlis.

Silvanectes et *Silvanectum*. Senlis, ville épiscopale et capitale du pays de Valois, dans l'île de France.

Silvanesium. Salvanez, abbaye au diocèse de Lavaur.

Silvenses, *ium*. Servois, pays autour de Senlis.

Silviacum Sanier, petite ville et abbaye du Boulenois.—Saugé, aux confins d'Anjou et de Poitou.

Silviniacum. Souvigny, prieuré du Bourbonnois au diocèse de Clermont, en Auvergne.

Sina. Sina, montagne de l'Arabie-Pétrée, connue dans l'écriture sainte.—La Chine, grand royaume, en Asie.

Sinæ, *arum*. Les Chinois, les peuples de la Chine.

Sindunum. Senut, près de Grand - Pré, en Champagne.

Sinensis, m. f. *se*. n. *is*. De la Chine, Chinois, qui est de la Chine.

Singidunum. Singidone, sur le Danube, dans la haute Mysie.

Sinope. Sinope, au Pont.

Sion. Sion, montagne de Jérusalem en Palestine.

Sipontum et *Sipus*, *untis*. Siponte, ville autrefois archiépiscopale de la Pouille, en Italie.

Siracusæ. V. *Syracusæ*.

Sirmium. Sirmich, ville, autrefois métro - pole et capitale de l'ancienne Pannonie, à présent ville de la basse Hongrie.

Sistarica. Sisteron, ville épiscopale de Provence, près la Durance.

Sistaricensis, m. f. *se.* n. *is.* De Sisteron, **V.** *Sistarica.*

Sitivensis, m. f. *se.* n. *is.* De Sithui, de S.-Bertin.

Sithiensis. **V.** *Sitivensis.*

Sitivum. Sithui, à présent **S.-** Berthin, abbaye à S.-Omer, en Artois.

Smyrna. Smyrne, ville métropole de l'Yonie, dans l'Asie mineure.

Smyrnensis, m. f. *se.* n. *is.* De Smyrne.

Solœ-curtis. Solenhowe et Solhof, bourg et prieuré du diocèse d'Eichstat, en Allemagne.

Solemniacensis, m. f. *se.* n. *is.* De Solignac.

Solemniacum. Solignac *ou* Solognac, abbaye près de Limoges.

Solensis ager. Pays de Soule (Basses-Pyrennées).

Soleria. Solari, près d'Ast, en Piémont.

Solliacum. Sully, ville de l'Orléanois.

Solliacensis ager. Le Sullias, Orléanais (Loiret).

Soloccnsis ager. Poulossois, Lorraine (Vosges).

Solodorum et *Solodurum.* **V.** *Salodurum.*

Solonacum. Sonnay, en Touraine.

Sonegia et *Sonnegiœ, arum.* **V.** *Senogia.*

Soractes Mons. Mout-Soracte, à présent, le Mont S.-Oreste *ou* de S.-Sylvestre. Montagne du patrimoine S.-Pierre, dans la Toscane.

Sorbona et *Sorbonicum Collegium.* La Sorbonne, maison et collége fameux, à Paris.

Sordua. Sorde, abbaye, au diocése de Dax.

Soricinœ, arum. Surénes, village près de Paris.

Sosciacensis, m. f. *se.* n. *is.* De Soisy, de Soissy.

Sosciacum. Soisy *ou* Soissy, nom commun à plusieurs lieux, Soissy, prés de Provins, en Brie.

Sosma. Essome, abbaye, près de Chateau-Thierry.

Sparnacum. Epernay, petite ville de Champagne, au diocèse de Reims.

Spida. Espoie, au diocèse de Reims.

Spinale. Epinal, chapitre de chanoinesses, en Lorraine.

Spinetum et *Spinogelum*. Epinay, nom commun à plusieurs lieux. — Epinois en Artois, entre Douay et Lille.

Spoletum. Spolète, ville épiscopale de l'Ombrie, en Italie.

Stabulaüs, *Stabulense Monasterium*, *Stabuletum* et *Stabulum*. Stavelo *et* Stablo, abbaye aux enclaves du pays de Liège, au diocèse de Mastricht. — *Stabulensis*. V. *Stabulaüs*.

Stabulum Rhodis, ou — *Rhodi*. Maleval *ou* Mallevalle, vallée, dans le territoire de Sienne, en Toscane.

Stadium. V. *Sathanacum*. — *Stadinisus pag*. Pays de Stonnes, en Champagne (Ardennes).

Stagnum. L'Etang, village près de Paris. — Stain, village, près de S.-Denis, en France. — Stain, en Rouergue. — Stagnon, en Languedoc.

Stamedium. Estamy *ou* Tamied, abbaye, au pied des Alpes, au diocèse de Tarentaise, en Savoie.

Stampæ, *arum*. Etampes, ville de la Beausse.

Stenium. Stein, en Suisse.

Stirpensis, m. f. *se*. n. *is*. D'Esterp. V. *Stirps*.

Stirps. Esterp *ou* Eter, abbaye, dans la Marche Limousine, près de Confoulens.

Stivagium. Estival *ou* Estivay, abbaye sur la Meurthe, diocèse de Toul, en Lorraine.

Stivalis villa. V. *Carobriæ*.

Stramineus - vicus. La rue au Foarre, à Paris, près de la place Maubert.

Strata et *Stratense Monasterium*. Estrée *ou* Ettée, à présent S.-Genou, abbaye, en Berry, vers la Touraine.

Strateburgus. **V.** *Argentoratum.*

Steneaschala. Strénéchal, ancienne abbaye de filles, dans le pays du Northumberland, diocèse d'Yorc, en Angleterre, à présent Vitby.

Strido. Stridon, ville ruinée de l'Illyrie.

Strum, *i.* Etrun, abbaye de filles, en Artois.

Sualaveldi. Nom inconnu.

Subdinum ou *Subdinnum Cenomanorum.* **V.** *Cenomani.*

Sublacum et *Sublacus.* Sollago *ou* Sublac, petite ville *et* abbaye de l'ancien Latium, en Italie. C'était autrefois un désert.

Subluniacum. Souligné, au pays du Maine.

Substantionensis pag. Substancion, ancienne ville détruite près de Montpellier (Hérault).

Suburbium Daphne. **V.** *Daphnes.*

Suecia. La Suède, royaume du Nord, en Europe.

Suessio, Suessionœ, arum, et *Suessiones, num.* Soissons, ville épiscopale, dans l'ile de France.

Suessionensis, m. f. *se.* n. *is.* De Soissons.

Suestra, Suestrense Monasterium et *Suestria.* Susteren *et* Suster, abbaye, autrefois de filles, aux Pays-bas, entre Maestricht et Ruremonde.

Suevia. La Souabe *ou* la Suabe, contrée d'Allemagne.

Sumersetum. Sommerset, contrée d'Angleterre.

Sumersetensis. De Sommerset.

Sumina Fluvius. La Somme, rivière de France.

Surrentum. Sorrente, ville métropole au royaume de Naples, en Italie.

Susatum. Soest *ou* Zoest, ville de Westphalie, au comté de la Mark.

Susinga Susinghen, au diocèse de Fribourg, en Allemagne.

Sutrium. Sutri, ville autrefois épiscopale, de Toscane sur le Pozzolo, dans le patrimoine de S.-Pierre.

Sylva, etc. **V.** *Silva.*

Synisense Castellum. V. *Castellum.*

Synnada. Synnade, ville métropole, dans la grande Phrygie.

Syracusæ, arum. Syracuse et Saragousse, ville autrefois métropole et capitale, à présent épiscopale de l'île de Sicile.

Syracusanus, a, um. Syracusain, de Syracuse, de Saragousse.

Syri, orum. Les Syriens, les peuples de Syrie.

Syria. La Syrie, province d'Asie, près de la Palestine.

Syrus, a, um. Syrien, qui est de Syrie.

T

TAbatha. Tabathe *ou* Thebate, bourg de Palestine, à deux lieues de Gaze.

Tabennæ, arum. Tabennes, désert en Thébaïde.

Tabennensis, m. f. *se.* n. *is.* De Tabenne.

Tabernæ, arum. Saverne, en Alsace.

Tabarnia. V. *Tabernæ.*

Taberniensis. De Saverne.

Tabularium, Tabulegium, et *Tabuleium.* Tholey ou Doley, abbaye au diocese de Crèves, en Allemagne.

Tagasta et *Tagaste, es.* Tagaste, ville épiscopale de Numidie, à présent du royaume d'Alger, en Afrique.

Taifalia. Tifauge *ou* Tiffauges, bourg du bas Poitou, vers les limites de Bretagne et d'Anjou.

Taimeta. V. *Damiata.*

Taleudensis pag. Pays de Talende (Puy-de-Dôme).

Talogiensis pag. Talou *ou* Talau, au pays de Caux (Seine inférieure).

Tamesis. La Tamise, rivière d'Angleterre.

Taphnæ, arum. Tanes, en Égypte.

Tasta Daciorum. Dax, ancien évêché.

Tara. Le Terrain, rivière de France, qui passe à Beauvais.

Tarantasia et *Tarentasia.* La Tarentaise, province

13

de Savoie.

Tarasco. Tarascon, ville du diocèse d'Avignon, en Provence.

Tarbelli. Peuples du diocèse de Bayonne. *Aquæ Tarbellicæ.* Dax, ville de Languedoc.

Tardanisus pag. Tardenois, pays du Soissonnais (Marne).

Tarnatœ, arum. V. *Ternata.*

Tarnus. La Tarne, rivière des Pays-bas.

Tarracina. V. *Terracina.*

Tarraco. Tarragone, ville métropole de Catalogne, en Espagne.

Tarraconensis, m. f. *se.* n. *is.* De Tarragone.

Tarsus. Tarse, ville métropole de la Cilicie.

Tarusates. Le Tursan, en Gascogne (Landes).

Tarusates. Peuples du diocèse d'Aire (Gascogne).

Taurenta. La Ciotat, petite ville en Provence (Bouches-du-Rhône).

Tarvanna ou *Taruanna.* V. *Tervanna.*

Tarvannensis. De Terouenne (Pas-de-Calais).

Tarvisium, Tarvisius et *Taurisium.* Trévise *et* Trévis, ville épiscopale dans la seigneurie de Venise.

Taurinensis, m. f. *se.* n. *is.* De Turin. V. *Taurinum.*

Sancti Taurini Monasterium. Le monastère de S.-Taurin, à Evreux, en Normandie.

Taurinum et *Augusta Taurinorum.* Turin, ville métropole, en Piémont.

Tauromenium. Toarmines, en Sicile.

Tauromenitanus. De Toarmines.

Tausiriacum. Toiselay, en Berry.

Tectosages. Peuples du pays de Toulouse (Haute-Garonne).

Teifalia. V. *Taifalia.*

Tellaüs pag. Telles, Tellau *ou* Tellois, pays du département de l'Eure.

Telo-Martius et *Telonum.* V. *Tolonum.*

Teneramunda. Dendremonde, ville des Pays-bas.

Teofalgicus pag. Pays de Tiffauges en vendée.

Teres Germanus. S. - Germain - l'Auxerrois , la paroisse du Louvre, à Paris.

Terganensis pag. Ternois, Térouennais (Pas-de - Calais).

Tergovisco et *Tergovistus.* Tervis, ville de Valaquie.

Teriolensis, m. f. *se.* n. *is.* Du Tirol.

Teriolum. Le Tirol, comté, en Allemagne.

Terminensis ager. Termenais, pays de Corbières (Aude).

Ternata. Tarnat *ou* Tarnade, paroisse, au territoire d'Agaune, en Walais.

Ternodorum ad Hormentionem. Tonnerre-sur-Armançon, ville au diocèse de Langres, en Champagne.

Terracina. Terracine, ville des anciens Volsques , dans le Latium, à présent de la campagne de Rome.

Terracinensis, m. f. *se.* n. *is.* De Terracine.— *Terracinium.* V. *Terracina.*

Terra-Sori. Terrasson, abbaye dans le Périgord.

Tervanna ou *Teruanna.* Terrouenne, ville, autrefois épiscopale et capitale du pays des Morins , dans la seconde Belgique, à présent c'est un pauvre village de l'Artois.

Tervannensis, m. f. *se.* n. *is.* De Terrouenne.

Tevenecensis, m. f. *se.* n. *is.* De Landevenec , V. *Landana.*

Thagora. Thagore, en Numidie.

Theate. Chieti, ville métropole dans l'Abbruzze intérieure, au royaume de Naples.

Theatensis, m. f. *se.* n. *is.* et *Theatinus, a, um.* De Chieti —Des Théatins.

Theba. Thèbes, ville de Cilicie.

Thebœ, arum. Thèbes, ville capitale de la Thébaïde, sur le Nil, en Egypte.

Thebœi, orum. La légion Thébéenne dont était S.-Maurice; ceux qui composaient cette légion.

Thebaïs, *idis*. La Thébaïde, contrée de l'Egypte.

Thebanus, *a*, *um*. Thébain, qui est de Thèbes.

Thebeste, *es*. Thébeste, en Afrique.

Theifalia. V. *Taifalia*.

Thenoliæ, *arum*. Thenailles, abbaye au diocèse de Luçon.

Theodaxium. Thiais, village près de Paris.

Theodelocus. Tulley, abbaye au diocèse de Langres.

Theoderemensis pag. Le Thimerais. (Eure-et-Loir).

Theoderici Monasterium et *Thedoricum*. S.-Thierry, abbaye, sur le Mont-d'Or, à deux lieues de Reims, en Champagne.

Theodonis villa. Thionville, ville du duché de Luxembourg.

Theodoropolis. Théodorople, auparavant Eucaite, petite ville, et ensuite, ville épiscopale de la province du Pont, à une journée d'Amasée.

Theofredi et *Theofridi Monasterium*. S.-Chaffre, ville et abbaye au pays de Vellay, sur la rivière de Colange.

Theolegium et *Theologium*. V. *Tabularium*.

Theorascia. La Thierasche, contrée de Picardie.

Thessalonica. Thessalonique, ville métropole et maritime de Macédoine.

Thessalonicensis, m. f. *se*. n. *is*. Thessalonicien, de Thessalonique.

Thienœus, *a*, *um*. De Thiène, en Italie.

Thiernensis pag. Pays de Thiers, Auvergne (Puy-de-Dôme).

Thium. Thie *ou* le Bourg-Dieu, en Phrygie.

Thmnitæ, *arum*. Thmuis, ville épiscopale d'É-gypte.

Thoarcensis pag. Le Thouarsais en Poitou (Deux-Sèvres).

Thomi, *orum*. Thomes. V. *Thomi*. *Thora*. V.

Tora.

Thracia. La Thrace, ancien royaume d'Asie.

Thuno. Thonon, ville principale de la province de Chablais, en Savoie.

Thuringi, orum Les peuples de Thuringe.

Thuringia. La Thuringe, province de la Haute-Saxe.

Thyathyra. Thyathyre, ville épiscopale de la Lydie, dans l'Asie-Mineure.

Thyathyrensis, m. f. *se* n. *is.* De Thyatyre.

Tibilitinœ. V. *Aquœ.*

Tibur. Tivoli, ville de l'ancienne terre Sabine, à présent de la campagne de Rome.

Tiburtinus, a, um. De Tivoli.—*Porta.* La Porte-de-Rome par où l'on va à Tivoli.

Ticinensis, m. f *se* n. *is.* De Pavie. V. *Papia.*

Ticinum. V. *Papia.*

Tiernum. V. *Tiguernum.*

Tifernum Tiberinum. Cita - di - Castello, ville d'Ombrie, en Italie.

Tigernum. Thiers, petite ville de la Basse-Auvergne, dans la Limagne.

Tigris Fluvius. Le Tigre, rivière d'Assyrie, en Asie.

Tigurum. Zurich, en Suisse.

Tilecastrum. Trichateau, au diocèse de Langres.

Tingum et *Civitas Tingitana.* Tanger, dans la Mauritanie, en Afrique.

Tinurtium. V. *Trenorchium.*

Tiriscum. V. *Tergovisco.*

Tironium. Tiron, abbaye du diocèse de Chartres, au Perche. (Eure-et-Loir).

Toarcium et *Thoarcis.* Thouars *ou* S.-Laon-de-Thouars, ville *et* abbaye du Poitou, du côté de l'Anjou.

Tolbiacum. Zulpich *ou* Zulg, ville du duché de Juliers, en Allemagne.

Tolentinas, altis. m. f. De Tolentin.

Tolentinum. et *Tolentum.* Tolentin, ville épiscopale de la Marche-d'Ancône, en Italie.

Toletanus, a, um. De Tolède.

Toletum. Tolède, ville métropole de Castille, en Espagne.

Tolianensis pag. Pays de Tullins, en Dauphiné (Isère).

Tolonensis, m. f. *se.* n. *is.* De Toulon.

Tolonum. Toulon, ville épiscopale en Provence.

Tolosa. Toulouse, ville métropole en Languedoc.

Tolosanus, a, um. De Toulouse, Toulousin, qui est de Toulouse.

Tolosates, tum. Les habitans de Toulouse, les Toulousins.

Tolosates. V. *Tectosages.*

Tomeriœ. S.-Pons, ancienne ville épiscopale en Languedoc.

Tomi, orum. Tomes, ville métropole de la petite Scythie, au-deça du Dauube, près du Pont-Euxin.

Toniza. V. *Tunetum.*

Tora. Thiore, dans l'ancien pays des Sabins, en Italie.

Toringi et *Toringia.* V. *Thuringi,* etc.

Torinensis pag. Pays de Turenne (Corrèze).

Tormis. V. *Abula.*

Tornacensis, m. f. *se.* n. *is.* De Tournay.

Tornacum. Tournay, ville épiscopale sur l'Escaut, en Flaudre.

Tornodorum. V. *Ternodorum.*

Tornomagus. Tournon, bourg de Touraine, près la rivière de Creuse.

Tornulum. V. *Trenorchium.*

Torpetis oppidum. S.-Tropès, petite ville de Provence, sur la mer, au diocèse de Fréjus.

Toxandria. Taxandrie, petit canton du diocèse de Mastricht dans les Pays-Bas.

Trachynaria. Trachinaire *ou* le mont S.-Auxent, monastère, au pied de la montagne de Siope, près de Chalcédoine , en Bithinie.

Traciacum. Tracy-Bocage (Calvados).

Trajectensis , m. f. *se.* n. *is.* De Mastricht. — D'Utrecht.

Trajectum inferius.—rheni. Utrecht, ville, autrefois capitale des Provinces-Unies, épiscopale *et* archiépiscopale; mais, depuis le seizième siècle, la religion protestante y domine.—*Superius.— ad Mosam. — Mosæ.* Mastricht, ville épiscopa'e au pays de Liége, dans les Pays-Bas.—*Bardulfi* Trillabardou, sur le Morain, en Brie.—*Portûs.* Trilleport, près de Meaux en Erie.

Trallenses, ium. Les habitans de Tralles, ville de l'Asie mineure, peu connue, peut-être en Carie, au moins de la province d'Antioche, de Syrie.

Tranquillum. Trancau, au diocèse de Troies en Champagne.

Transalii, orum Transaux, dans le Berry.

Transiliacum Trésillac, aux confins du Berry et du Limousin.

Trapesus, untis. Trebisonde, ville métropole de Cappadoce, sur le Pont-Euxin.

Trappa. La Trappe, diocèse de Séez au Perche (Orne).

Trebula mutusca. Montéléone, ville de l'ancien pays des Sabius, à présent dans la terre de l'Eglise, en Italie.

Trecæ, arum. Troies, ville épiscopale en Champagne.

Trecor ou *Trecorium.* Tréguier *ou* Land-Triguet, ville épiscopale de la Basse-Bretagne.

Trecorensis. m. f. *se.* n. *is.* De Tréguier.

Tremitus. V. *Trimithus.*

Tremuli vicus. Tremble-Vif, village, au pays de Sologne.

Trenorchiensis, m. f. *se.* n. *is.* De Tournus.

Trenorchium. Tournus, ville *et* abbaye. *Trenor-chiense cœnobium.* L'abbaye de Tournus en Bourgogne, à cinq lieues de Chalons-sur-Saône *et* de Macon.

Trevirensis, m. f. se. n. *is.* De Trèves.

Treviri, orum. Trèves, ville métropole de la Gaule · Belgique, sur la Moselle, *et*, à présent capitale de l'électorat de même nom, en Allemagne.

Trevis pag. Pays de Trièves, Bas – Dauphiné (Isère).

Triboui. Peuples de l'Alsace, dont Strasbourg était la capitale.

Triburiensis, m. f. *se.* n. *is.* De Trébur.

Triburium. Trébur, près de Mayence, en Allemagne.

Tricasses et *Tricassinus.* V. *Trecæ,* etc.

Tricastinensis, m. f. *se.* n. *is.* De S.-Paul-Trois-Châteaux.

Tricastini, orum. Augusta Tricastinorum et *Tricastrum.* S. – Paul – Trois – Châteaux , ville épiscopale sur le Rhône, en Dauphiné.

Tridentinus, a, um. De Trente.

Tridentum. Trente, ville épiscopale de la Gaule Cisalpine, à présent de la Lombardie, en Italie.

Trigoria et *Trigorius pag.* Canton du Diocèse de Trèves, le long du Rhin.

Trimithus, untis et *Trimithusa.* Tremithonte, ville épiscopale de l'île de Chypre.

Trinacria. La Sicile. V. *Sicilia.*

Trisagium. Trisai, abbaye près de Luçon.

Trychinaria. V. *Trachynaria.*

Troas, adis. La Troade, ville de l'Asie-Mineure.

Troclarium. Troclat, abbaye de filles, au diocèse d'Alby.

Sancti Trudonis oppidum. V. *Sarcingum.* S.-Tron.

Trullanus, a, um. Du Dome. V. *Trullus.*

Trullus. Dome du palais de Constantinople.

Tuburbis et *Tuburbo Lucernaria.* Tuburbe. La Lucernaire, ville autrefois épiscopale de la province proconsulaire d'Afrique.—*minus.* La petite Tuburbe, autre ville de la même province.

Tubrocensis, m. f. *se.* n. *is* De Tubzoque, en Afrique.

Tudæ, arum. Tuy, ville épiscopale de Gallice, en Espagne.

Tuder et *Tudertum.* Todi, ville épiscopale d'Ombrie, en Italie.

Tuitium. Duitz, abbaye et petite ville, près de Cologne.

Tulingi. Peuples d'Allemagne aux sources du Danube.

Tullensis. m. f. *se.* n. *is.* De Toul.

Tullum Leucorum. Toul, ville épiscopale, en Lorraine.

Tunetum. Tunis, ville capitale du royaume de même nom, en Afrique.

Tungri, orum. Tongres, ancienne ville épiscopale du pays de Liège, sur la rivière de Jecker.

Tura. V. *Durgangia.*

Turci, orum. Les Turcs, les peuples qui habitent la Turquie, soit d'Asie, soit d'Europe.

Turensis pagus. V. *Durgangia.*

Turiaso. Taraçone, ville de l'Arragon, en Espagne.

Turmis. ou *Tormis.* Tormes, rivière d'Espagne.

Turonensis, m. f. *se.* n. *is.* De Tours, qui est du diocèse, des environs, du territoire de Tours, de la Touraine.

Turo, Turones, num, Turoni, orum. Tours, ville archiépiscopale et principale de Touraine.

Turonicus, a, um. De la ville de Tours.—*civis.* bourgeois, citoyen de Tours.—*Urbs.* V. *Turo.*

Turres Sardiniæ. Tores, en Sardaigne.

Turturiacum. Tourtoirac, abbaye dans le Périgord.

Tutela. Tulle, ville épiscopale et ancienne abbaye du Limousin, sur la rivière du Courrèze.

Tutelensis, m. f. *se.* n. *is.* De Tulle.

Tuscia. La Toscanne, contrée d'Italie, entre l'état écclésiastique et la république de Gènes.

Tuscus, a, um. Toscan. De Toscane, qui est de Toscane.

Tyde. V. *Tudæ.*

Tyrassona. V. *Turiaso.*

Tyrus. Tyr, ville métropole en Phénicie.—Ville de Toscane, près du lac de Boflène.

U

UCecia et *Ucetia.* Uzèz, ville épiscopale, dans le Languedoc. (Gard).

Ucetia. Uzès, ancienne ville épiscopale (Gard).

Ucetiensis, m. f. *se.* n. *is.* D'Uzès.

Ucionensis pagus. Pays d'Usson, en Auvergne (Puy-de-Dôme).

Ulciacum. Ussy, sur Marne, en Brie.

Uliarus. Oleron, île de la Saintonge.

Ulisippo. Lisbonne, ville métropole *et* capitale du royaume de Portugal.

Ultrojectum. Utrect. V. *Trajectum inferius.*

Umbria. L'Ombrie, contrée d'Italie.

Unizibirensis, m. f. *se.* n. *is.* D'Unizibit.

Unizibirum. Unizibir, en Afrique.

Upsalia. Upsal, en Suède.

Urania. V. *Arausio.*

Urbigenium. Aergin, en Suisse.

Urbinatensis ducatus. Le duché d'Urbin, province d'Italie.

Urdatium. Ordache, au diocèse de Bayonne.

Urgella. V. *Sedes.*

Ursanum. Orsan, en Berry.

Ursidongum. Lacelle d'Ursidong, à présent S.-Guillem, en Hainaut.

Ursus pileatus. L'Ours-Coeffé, quartier de Rome.

Uscia. Huyse *et* Huissen, en Flandre, entre Oudenarde *et* Deynse.

Usercensis pag. Pays d'Uzerche (Corrèze).

Uterna et *Uternum.* V. *Odorna.*

Utica. Utique, en Afrique.—*Utica* et *Uticum in pago Oxomensi.* Ouches *ou* S.-Evroul, abbaye de l'Hyesmois, en Normandie.

Utina. Utines, ville de la province proconsulaire d'Afrique.

Uxamensis, m. f. *se.* n. *is.* D'Osme *ou* d'Osma.

Uxamus. Osme *ou* Osma, ville épiscopale de Castille, en Espagne.—De Biscaïe, aussi en Espagne.

Uxellodunum. Cahors, évêché.

V

V Aber. Vabræ. Vabres, ville épiscopale du Rouergue. (Aveyron).

Vabrensis, m. f. *se.* n. *is.* De Vabres.

Vadacium. Vas, abbaye au Maine.

Vadenses, ium et *Vadensis pagus.* Le Vallois, contrée de l'île de France, en Brie.

Vadiniacum. Gany *ou* Gagny, lieu du Vexin, sur la rivière d'Epte.

Vagoritum. Séez, ville épiscopale en Basse-Normandie (Orne).

Valciodorum. V. *Vvalciodorum.*

Valdomeris oppidum. V. *Baldomeris.*

Valencenæ, arum. V. *Valentianæ.*

Valentia. Valence, ville épiscopale du Dauphiné, sur le Rhône.—Valence, ville épiscopale de l'ancien royaume du même nom, en Espagne.

Valentianæ, arum. Valencienne, ville du Hainaut.

Valentinus, a, um. De Valence.

Valentiola. Valenzole, petite ville de Provence, au diocèse de Riez.

Valeria. Valérie, ville de l'ancienne Pannonie, du côté de la Norique.

Valiliæ, arum. Vareilles, au diocèse de Sens.

Vallaria. La Vallière, près de Royac, en Auvergne.

Vallia. V. *Vvallia.*

Valli-cellæ. Vaucelles, abbaye près de Cambray.

Vallis agillonis.—*Gellonis.* S.-Guillem-du-Désert, abbaye à quatre lieues de Lodéve, en Languedoc. — *Anaunia.* Le Val-d'Agnane, près de Trente, en Italie.—*Benedicta.*—*Bodanensis.* Val-Benoît, abbaye en Provence, vers le diocèse de Sisteron.—Val-Benoîte, nom commun à plusieurs abbayes.—*Cernensis.*—*Sernaï.* Vaux-de-Cernay, abbaye au diocèse de Paris.—*Flaviana.* V. *Ægidii-Villa.* — *Galilæœ.* V. *Juncturæ.*—*Gratiæ.* Le Val-de-Grâce, abbaye de filles à Paris.— *Guidonis*, ou simplement, *Vallis* et *Valles.* Laval, ville au pays du Maine, sur la rivière de Mayenne.— *Miniaci.* Bauminiac, en Abbruzze. — *Vebrona.* V. *Bredo.* — *Umbrosa.* Vallombreuse, Val-Ombreux *et* Val-d'Ombre, abbaye *et* ville de Toscane, au bas de l'Apennin. —*magna.* Val-Maing, abbaye au diocèse d'Agde. — *viridis.* Vauvert, lieu qu'occupaient les chartreux à Paris.— *De Villemont*, ancien village vers Bourges. La prairie qui occupe sa place s'appelle, le Pré-Verdier. *Dei.* Le Val-Dieu au Perche.

Vallolii, orum. Valloirs, abbaye du Ponthieu, en Picardie.

Vallavium. Baulieu, abbaye près de Sainte-Menéhould, en Argonne.

Vandali. V. *Wandali.*

Vandalitia. L'Andalousie, province *et* ancien royaume, en Espagne.

Vangiones, num et *Civitas Vangionum.* V. *Wormaeia.*

Vandopera et *Vendopera.* Vandœuvre, désert *et* abbaye, au diocèse du Mans.

Vapincensis, m. f. *se.* n. *is.* De Gap.

Vapincum. Gap, ville épiscopale, en Dauphiné.

Varactum ou *Varecus.* V. *Waractum*, *Warecus.*

Varalus-Mons. Le Mont-Varal, au diocèse de Navare, du côté de Verseil, dans le Milanez.

Varia. V. *Baris.*

Varum. Bar, en Catalogne.

Vasatensis; m. f. *se.* n. *is.* De Bazas.

Vasates, tum. Bazas, ville épiscopale, en Gascogne.

Vazatium. V. *Vazates.*

Vasconensis, m. f. *se.* n. *is.* De Gascogne.

Vascones, num. Les Gascons, les peuples de Gascogne.

Vasconia. La Gascogne, province de France.

Vasensis, m. f. *se.* n. *is.* De Vaison.

Vasio. Vaison, ville épiscopale du comtat Venaissin, enclavé dans la Provence.

Vassionensis. V. *Vasensis.*

Vastinensis, m. f. *se.* n. *is.* Du Gatinois.

Vastinnum. Vatan, petite ville du Berry, près du territoire de Sens.

Vastinum. Le Gatinois, contrée de France, entre la Brie et la Beausse (Loiret).

Vatanum. Vatin, abbaye près S.-Omer, en Artois.

Vaurensis, m. f. *se.* n. *is* De Lavaur.

Vaurium. Lavaur, ville épiscopale dans le Lauragais, en Languedoc.

Vebrona. V. *Bredo.*

Veliocasses, ium, Velliocasinum, Velliocasses et *Vellocasses, ium.* Le Vexin, contrée près de Paris, entre le Mantouan et le Beauvoisis.

Veliternensis. De Veliterno, ancienne ville épiscopale, détruite dans la campagne de Rome.

Vellaunadunum. Château-Landon (Ile-de-France).

Vellaus. Vellavensis. Veliaïcus pagus. Le Velay (Haute Loire).

Vellavi, orum et *Vellavum.* Le Vellay, contrée de France, près de l'Auvergne.

Venafrum. Venafri, ville épiscopale de la terre de Labour, en Italie.

Vencia. V. *Vintium.*

Vendellensis pagus. Le Vendelais en Bretagne, aux environs de Rennes.

Vendopera. Autrefois Vendœuvres, aujourd'hui S.-Léonard-des-Bois, commune de Fresnay (Sarthe).

Venetensis, m. f. *se.* n. *is* V. *Veneticus.*

Veneti, orum. Les Vénitiens, les peuples de l'état de Venise. V. *Venetia.*— Vennes *ou* Vannes, ville épiscopale et maritime, en Bretagne.— Les habitans de Vannes.

Venetia et *Venetiæ, arum.* Venise, ville métropole *et* capitale de la république de ce nom, en Italie.— V. *Veneti.* Vannes.

Venetus, a, um. Vénitien, de Venise, qui est de Venise.

Venusia et *Venusium.* Venouse *et* Venosa, ville de la Pouille, sur les confins de l'ancienne Lucanie, en Italie.

Vera. Vires, rivière et ville (Calvados).

Verbonensis pag. Le Verbonnais (en Lorraine).

Vercellæ, arum. Verceil, ville épiscopale en Piémont.

Vercellensis, m. f. *se.* n. *is.* De Verceil.

Vergiacum. V. *Virgeium.*

Vergium. Verja *ou* Verze, en Espagne.

Vermandensis pag. Le Vermandois, en Picardie (Aisne).

Vermensis pag. Le Vermois (Meurthe), Lorraine.

Vermeria. Verberie, ville entre Senlis et Compiègne.

Vermeriensis, m. f. *se.* n. *is.* De Verberie.

Vernadum et *Vernaüs vicus.* Vernou, paroisse à quatre lieues de Tours, sur la Cisse.

Vernensis, m. f. *se.* n. *is.* De Verneuil. V. *Vernum.*

Verno et *Vernonium.* Vernon, ville de Normandie, sur la Seine, vers les limites du Vexin-

Français.

Vernogilum. Verneuil, en Touraine. — Verneuil (Eure).

Vernolium. V. *Vernogilum.*

Vernotum. Verno, près de Melun, au diocèse de Sens.

Vernum. Verneuil, petite ville du Beauvoisis.

Verodunum et *Verunum.* V. *Virdunum.*

Verolamiensis et *Verolamium.* V. *Virulamiensis*, etc.

Veromanduensis ager. Le Vermandois, contrée de Picardie.

Veromandui, orum et *Veromanduorum civitas.* Vermant, autrefois ville épiscopale, à présent village et abbaye dans le Vermandois.

Verona. Vérone, ville épiscopale dans l'état de Venise.

Veronensis, m. f. *se.* n. *is.* De Vérone.

Versaliæ, arum. Versailles, ville et château royal, à quatre lieues de Paris.

Vertacomicorus pag. Le Vercors (Drôme).

Vertavensis, m. f. *se.* n. *is.* De Vertou.

Vertavum. Vertou, abbaye sur la Serre, près de Nantes, en Bretagne.

Vertudensis pagus. Le pays de Vertus en Champagne (Marne).

Verulæ, arum. Ville de la campagne de Rome.

Verulamiensis, m. f. *se.* n. *is.* De Verolam.

Verulamium. Verolam, ancienne ville *et* abbaye d'Angleterre, qui a succédé à S.-Albans, au pays d'essex, sur la Tamise.

Verum. Vire en Normandie (Calvados).

Verziacum. V. *Virgeium.*

Vestini, orum. Les Vestins, les peuples d'Italie, aux confins du pays des Sabins et de l'Abbruzze ultérieure.

Vestrevortensis, m. f. *se.* n. *is.* De Vestrevort, dans les Pays-Bas.

Vesauna. Périgueux, évêché.

Vesuntio et *Vesuntium.* V. *Bisuntio.*

Vesuntionensis, m. f. *se.* n. *is.* et *Vesuntinus,* a, um. De Besançon. V. *Bisuntio.*

Vetera (Castra.) V. *Santæ.*

Vexio. Vexieu, ville épiscopale de la province de Smalande, en Suède.

Via-aquaria. Le Chemin-de-l'Eau à Capoue.— *Ardeatina.*— D'Ardée.— *Aurelia.*—D'Aurèle.— *Balistaria.* De l'Arbalêtre, à Rome.—*Cornelia.*— De Cornélius à Rome.— *Lavicana.*—De Lavican.— *Claudia.*- De Claude.— *Appia.*— d'Appius.—*Nomentana.*—De Nomente.—*Portuensis.* — De Port. — *Salaria.* — Du Sel. — *Tiburtina.*— De Tivoli. Tous grands chemins autour de Rome.

Viancium. Viant, près d'Alby, en Albigeois.

Viveliacum. V. *Vizeliacun.*

Vicenæ, arum. Vincennes, près de Paris.

Vicenonia. La Vilaine, rivière de Bretagne.

Vicentia, Vicetia et *Vincentia.* Vicence, ville épiscopale de Lombardie, en Italie.

Vicentinus, a, um. De Vicence.

Viciasensis pagus. Le Vichias en Bourbonnais (Allier).

Vicini, orum. Voisins, abbaye de filles, près d'Orléans.

Viconia. Vicogne, abbaye près de Valenciennes, en Hainaut.

Victoriacum. Vitry, nom commun à plusieurs lieux.

Vicus-braiæ. Vibraie, bourg sur la rivière de Braie, vers le Maine.— *iriæ.* Voghera, ville de Lombardie.—*Julii.* (C'est peut-être Aire), ville épiscopale de Gascogne.—*Vonnæ.* Vivonne, en Poitou.

Videliacum. V. *Vizeliacum.*

Viduliacum. Vely, au diocèse de Soissons.

Vienna. Vienne, ville épiscopale et capitale de l'Autriche, en Allemagne.— et *Vienna Allobrogum.* Vienne, ville métropole du Dauphiné.

Viennensis, m. f. *se.* n. *is.* De Vienne.

Vigenna. La Vienne, rivière de France.

Viliera-in-saltu. Wière-aux-Bois, abbaye de filles, en Basse-Picardie.

Vilio cortis. Billancourt, près du Pec, au diocèse de Paris.

Villa-Captonis. Ville-Chasson, abbaye de filles, en Gatinois, près de Courtenay. — *franca.* Ville Franche, nom commun à plusieurs lieux. — *Julitta.* ou *Julittæ.* Villejuif, village près de Paris.— *lupina.* Villeloin, abbaye en Touraine. — *nova.* Villeneuve, nom commun à plusieurs lieux. — *nova Archiepiscopi.* Villeneuve-l'Archevêque, ville au diocèse de Sens.—*Parisiaca.* Ville-Parisis, au diocèse de Paris.—*Peditonis.* Villepion, village au pays Chartrain.—*Pirosa.* Villepreux, vers Poissy, près de Paris.—*Tineosa.* Villetanneuse, village près de S.-Denis, en France.

Villare-Bellum. Villiers-le-Bel, village près d'Ecouen.

Villare-Caniveti, Villiers-Canivet (Calvados).

Villaria. Villiers, nom commun à plusieurs lieux.

Villariensis, m. f. *se.* n. *is.* De Villiers.

Vilna. Vilna, en Lithuanie.

Vindauca. Venasque, au diocèse de Carpentras. et *Vindasca.*

Vindiciacum. Aujourd'hui S.-Avertin, près et canton de Tours, en Touraine. L'ancien nom est inconnu.

Vindicianum. Veuzay, en Touraine.

Vindinum. Le Mans, évêché.

Vindocinensis, m. f. *se.* n. *is.* De Vendôme.

Vindocinum. Vendôme, ville capitale du Vendômois, en Beausse.

Vinemacensis, m. f. *se.* n. *is.* De Vimeu.—*Pagus.* V. *Vinemacum.*

Vinemacum. Le Vimeu, contrée de Picardie.

Vin-Campus. Guingamp, en Bretagne.

Vinomagus. V. *Vinemacum.*

Vintersovium. Vintershove, au pays de Liége.

Vintium. Vence, ville épiscopale en Provence.

Vintonia. Winchester, ville épiscopale au pays de West-Sex, en Angleterre.

Vintoni-Castrum. Bicêtre, hôpital à Paris.

Virdunensis, m. f. *se.* n. *is.* De Verdun.

Virdunum. Verdun, ville épiscopale en Lorraine.

Virgeium et *Viridiacum.* Vergy, petite ville de Bourgogne, près de Dijon.

Viridiacum. Verdey, en Brie.

Virimadum. Vermouth. V. *Wirmuda.*

Viriziacum. Verzy *ou* Versy, bourg de la Champagne.

Virmanduensis, et *Virmandus.* V. *Veromanduensis*, etc.

Vironum. Virodunum. Verdun, évêché.

Virsio et *Virzia.* Vierzon, petite ville du Berry, sur le Cher.

Virzionensis, m. f. *se.* n. *is.* De Vierzon.

Visentum. Bisento, sur le lac de Bostène, en Toscane.

Visignolium. Bisigneul, abbaye au diocése d'Amiens, en Picardie.

Visontium. V. *Bisuntio.*

Vissenacum. Fenac, en Brabant, près de Tillemont.

Visuntio. V. *Bisuntio.*

Sancti-Vitalis inpago ratensi ou — *ratiensi.* V. *Scobritum.*

Vivariensis - pagus. Le Vivarais, contrée des Cévennes.

Vivario et *Vivarium.* V. *Alba-Augusta.*

Vizeliacensis, m. f. *se.* n. *is.* et *Vizelicus*, *a*, *um.* De Vezelay.

Vizelii, *orum* et *Vizeliacum.* Vezelay, ville *et* abbaye, au diocèse d'Autun, vers les limites du Nivernois *et* de l'Auxerrois.

Vocontius pag. Haut-Vivarais (Ardêche).

Vogesus - Mons. Le Mont-de-Vauges, entre la Lorraine, la Franche-Comté et l'Alsace.

Voldenses, *ium.* Vigeois, abbaye en Limousin.

Volovicum et *Volovicus.* Volvic, bourg *et* abbaye en Auvergne, à deux lieues de Clermont.

Vorganium. Guingamp, en Bretagne.

Vongensis pag. Le Vongeois, au pays de Voûgy (Marne).

Vormatia. V. *Wormatia.*

Vosagus. Les déserts des Vosges, en Lorraine.

Vosagensis, *Vosagus pagus.* Pays des Vosges, en Lorraine.— Voussac, (Allier).

Vossuense.- Monasterium. V. *Fossense.*

Vratislavia. Breslavv, ville métropole de la Silésie, au royaume de Bohême.

Vratislaviensis, m. f. *se.* n. *is.* De Breslavv.

Wabrensis pag. Le Woivre en Barrois (Meuse).

Wallarici oppidum. — Monasterium, *in Pago Vinemaco.* S.-Vallery, ville *et* abbaye au pays de Vimeu, en Picardie.

Walaricus in Planis. S.-Valery-les-Plaines *ou* S.- Valery-en-Caux, petite ville de Normandie, entre Dieppe et Fécamp.

Walciodorum. Wazor *ou* Wanzor, abbaye au diocèse de Liége.

Waldomeris oppidum. V. *Baldomeris.*

Wallia. Galles, principauté en Angleterre.

Wanpali, *orum* Les Vandales, les peuples de l'ancienne Germanie.

Waractum et Waracus. Guéret, ville de la Marche.

Warascus pag. Le Varais, en Franche-Comté.

Wardo amnis. Le Gard, rivière du Languedoc

(Gard).

Wastum. Houat, en Boulonnais.

Waurensis et *Waurum*. V. *Vaurensis*, etc.

Werda. V, *Cæsaris*.

Wigornia. Worcester, ville épiscopale de l'ancien royaume de Mercie, en Angleterre.

Wigorniensis, m. f. *se*. n. *is*. De Vorcester.

Wiliacum et *Wiliacus pag*. Huissy *ou* Eussy, village *et* château sur Marne, en Brie.

Wirmuda et *Waremutha*. Wermout, abbaye, au pays de Northumberland, en Angleterre.

Wormacia et *Wormatia*. Worms, ville épiscopale *et* impériale du palatinat du Rhin.

Wormaciensis et *Wormatiensis*, m. f. *se*. n. *is*. De Worms.

Woromholtensis, m. f. *se*. n. *is*. De Wormhoult.

Woromholtum. Wormhoult, en Flandre.

Vulcassinum. V. *Veliiocasses*. *Vulcassinus*. V. le même.

Vulcassinus et *Vilcassinus*. *Pagus*. Le Vexin. *Franciæ*. Le Vexin-Français. *Normanniæ*. Le Vexin-Normand. (Seine-et-Oise, et Eure).

Vulsinii, *orum*. Bostêne, ville de Toscane.

Vulsinus lacus. Le Bostêne, lac de Toscane.

Vultumnia. La Boutonne, rivière en Saintonge.

Vungiæ. *arum*. Bondis, petite forêt près de Paris.

Wulmari Monasterium.—Oppidum. Samer, abbaye près de Boulogne, en Picardie.

X

X *Antona*, etc. V. *Santona*.

Xaverium. Xavier, village de la Navarre, au pied des Monts-Pyrennées, en Espagne.

Y

Y *Velinum*. Veaune *ou* Notre-Dame-de-Veaune, monastère de filles près de Marseille, en Provence.

FIN.

CHRONOLOGIE DES PAPES.

Pour faciliter à nos lecteurs, la connaissance des Papes sous le pontificat desquels se sont tenus les Conciles, et vivaient tels ou tels saints. Nous terminons ce dictionnaire par la chronologie des Souverains - Pontifes, depuis Saint-Pierre, jusqu'à Grégoire XVI inclusivement.

Le caractère *italique* indique les Anti-Papes ; *le chiffre* marque l'année de leur mort.

Saint - Pierre. mort en	66	S. - Jules I.er, mort en	352
S. - Lin.	78	S. - Libère.	366
S. - Anaclet.	91	S. - Félix II.	
S. - Clément.	100	S. - Damase.	384
S. - Evariste.	109	*Ursicin.*	
S. - Alexandre.	119	S. - Syrice.	392
S. - Sixte I.er	127	S. - Anastase I.er.	402
S. - Télesphore.	139	S. - Innocent I.er.	417
S. - Hygin.	142	S. - Zozime.	418
S. - Pie I.er	157	S. - Boniface I.er	422
S. - Anicet.	168	*Eulalius*	
S. - Soter.	177	S. - Célestin I.er	432
S. - Eleuther.	192	S. - Sixte III.	440
S. - Victor I.er	202	S. - Léon-le-Grand.	461
S. - Zéphirin.	219	S. - Hilaire.	468
S. - Calixte I.er	222	S. - Simplice.	483
S. - Urbain I.er	230	S. - Félix III.	492
S. - Pontien.	235	S. - Gélase.	496
S. - Anthère.	236	S. - Anastase II.	498
S. - Fabien.	250	S. - Symmayne.	514
S. - Corneille.	252	*Laurent.*	
Novatien I.er Anti-Pape.	252	S. - Hormidas.	523
S. - Lucius.	253	S. - Jean I.er	526
S. - Etienne I.er	257	Félix IV.	530
S. - Sixte II.	259	Boniface II.	532
S. - Denis.	269	*Dioscore.*	
S. - Félix I.er	274	Jean II.	535
S. - Eutichien.	283	S. - Agapet.	536
S. - Caïus.	296	S. - Silvère.	538
S. - Marcellin.	304	Vigile.	555
S. - Marcel.	310	Pélage I.er	560
S. - Eusèbe.	310	Jean III.	573
S. - Melchiade.	314	Benoit I.er	578
S. - Silvestre.	335	Pélage II.	590
S. - Marc.	336	S. - Grégoire-le-Grand.	604

Sabinien.	Mort en 606		S. - Léon IV.	Mort en 855
Boniface III.	607		Benoit III.	858
S. - Boniface IV.	615		*Anastase.*	
S. - Dieudonné I.er	618		S. - Nicolas I.er	867
Boniface V.	625		Adrien II.	872
Honorius I.er	638		Jean VIII.	882
Séverin.	640		Martin ou Marin.	884
Jean IV.	642		Adrien III.	885
S. - Théodore I.er	649		Etienne V.	891
S. - Martin I.er	655		Formose.	896
S. - Eugène I.er	657		Boniface VI.	896
Vitalien.	672		Etienne VI.	897
Dieudonné II.			Romain.	897
ou Adéodat.	676		Théodore II.	898
Domnus I.er	678		Jean IX.	900
S. - Agathon.	682		Christophe.	904
S. - Léon II.	683		Benoit IV.	905
S. - Bénoit II.	685		Léon V.	908
Jean V.	686		Sergius III.	911
Pierre.			Anastase III.	913
Théodore.			Landon.	914
Conon.	687		Jean X.	928
Théodore.			Léon VI.	929
Pascal.			Etienne VII.	931
S. - Sergius I.er	701		Jean XI.	936
Jean VI.	705		Léon VII.	939
Jean VII.	707		Etienne VIII.	943
Sisinius.	708		Marin ou Martin III.	946
Constantin.	715		Agapet.	955
Grégoire II.	731		Jean XII.	964
S. - Grégoire III.	741		*Léon.*	
S. - Zacharie.	752		Léon VIII	965
Etienne.			Bénoit V.	965
Etienne II.	757		Jean XIII.	973
Paul I.er	767		Bénoit VI.	974
Constantin.			*Boniface.*	
Etienne III.	772		Domnus II.	974
Adrien. I.er	795		Benoit VII.	983
Léon III.	816		Jean XIV.	984
Etienne IV.	817		Boniface VII.	985
S. - Pascal II.	824		Jean XV. *Non sacré.*	985
Eugène II.	827		Jean XVI.	996
Zizime.			*Jean.*	
Valentin.	827		Grégoire V.	999
Grégoire VI.	844		Silvestre II.	1003
Sergius II.	847		Jean XVII.	1003

Jean XVIII. Mort en	1009	Grégoire IX. Mort en	1241
Sergius IV.	1012	Célestin IV.	1241
Benoit VIII.	1024	Innocent IV.	1254
Grégoire.		Alexandre IV.	1261
Jean XIX.	1033	Urbain IV.	1264
Benoit IX, abdiqua en	1044	Clément IV.	1268
Silvestre.		Grégoire X.	1276
Grégoire VI. Abdiq. en	1046	Innocent V.	1276
Clément II.	1047	Adrien V.	1276
Bénoit IX, de réchef.	1047	Jean XX.	1277
Damase II.	1048	Nicolas III.	1280
S.-Léon IX.	1054	Martin IV.	1285
Victor II.	1057	Honorius IV.	1287
Etienne IX.	1058	Nicolas IV.	1292
Bénoit X.	1059	Célestin V. Abdique en	1294
Nicolas II.	1061	Boniface VIII.	1303
Alexandre II.	1073	S.-Benoit XI.	1304
Honorius.	1080	Clément V. Depuis 1305 jusqu'en 1314 il transfère le Saint-Siège à Avignon.	
Grégoire VII.	1085		
Guibert.			
Victor III.	1087	Jean XXI ou XXII. Mort en	1334
Urbain II.	1099		
Paschal II.	1118	*Pierre de Corbière.*	
Albert, Théodoric, et Maginulfe.		Bénoit XII.	1342
		Clément VI.	1352
Gelase II.	1119	Innocent VI.	1362
Maurice Bourdin.		Urbain V.	1370
Calixte II.	1124	Grégoire XI.	1378
Honorius II.	1130	Il reporta le Saint-Siège à Rome en 1377.	
Innocent II.	1143		
Anaclet et *Victor.*		Urbain VI.	1389
Célestin II.	1144	Boniface IX.	1404
Lucius II.	1145	Innocent VII.	1406
Eugène III.	1153	Grégoire XII. Déposé en	1409
Anastase IV.	1154		
Adrien IV.	1159	Alexandre V.	1410
Alexandre III.	1181	Jean XXII ou XXIII, abdique en	1415
Victor, Paschal, Calixte et *Innocent.* Anti-Papes.		Martin V.	1431
Lucius III.	1185	*Bénoit XIII.*	
Urbain III.	1187	*Clément VIII.*	
Grégoire VIII.	1187	Eugène IV.	1447
Clément III.	1191	Félix V, abdique en	1449
Célestin III.	1198	et meurt en	1451
Innocent III.	1216	Nicolas V, abdique.	1456
Honorius III.	1227	Calixte III.	1456

Pie II.	Mort en	1464	Grégoire XV. Mort en	1623
Paul II.		1471	Urbain IX.	1644
Sixte IV.		1484	Innocent IX.	1655
Innocent VIII.		1492	Alexandre VII.	1667
Alexandre VI.		1503	Clément IX.	1669
Pie III.		1503	Clément X.	1676
Jules II.		1513	Innocent XI.	1689
Léon X.		1521	Alexandre VIII.	1691
Adrien.		1533	Innocent XII.	1700
Clément VII.		1534	Clément XI.	1721
Paul III.		1549	Innocent XIII.	1724
Jules III.		1555	Benoit XIII.	1730
Marcel II.		1555	Clément XII.	1740
Paul IV.		1559	Bénoit XIV.	1758
Pie IV.		1565	Clément XIII.	1767
S.-Pie V.		1572	Clément XIV.	1774
Grégoire XIII.		1585	Pie VI.	1799
Sixte V.		1590	Pie VII.	1823
Urbain VIII.		1590	Léon XII.	1829
Grégoire XIV.		1591	Pie VIII.	1830
Innocent IX.		1591	Grégoire XVI, élu Pape	
Clément VIII.		1605	à Rome, le 2 février 1831,	
Léon XI.		1605	âgé de 66 ans.	
Paul V.		1621		

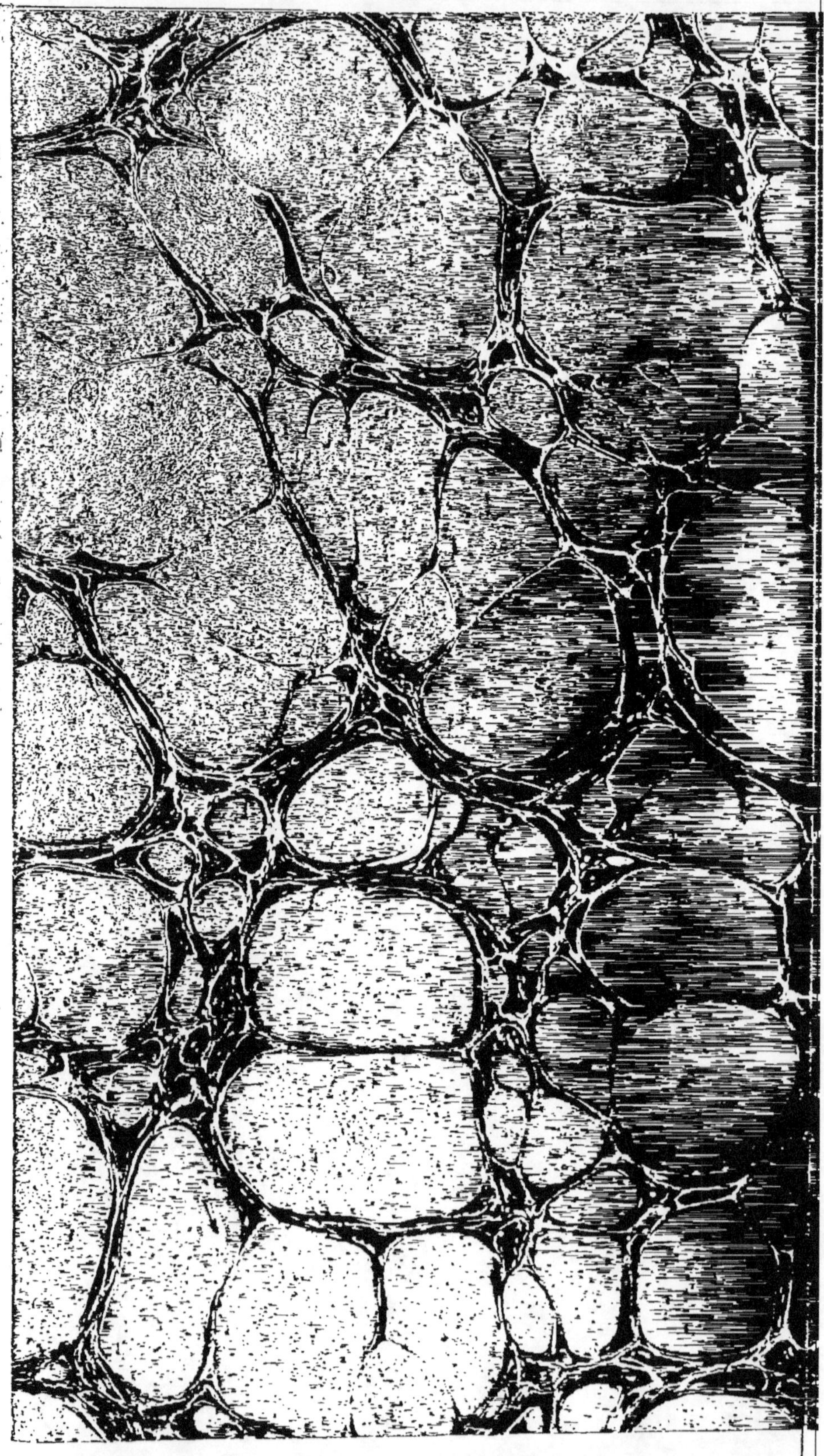

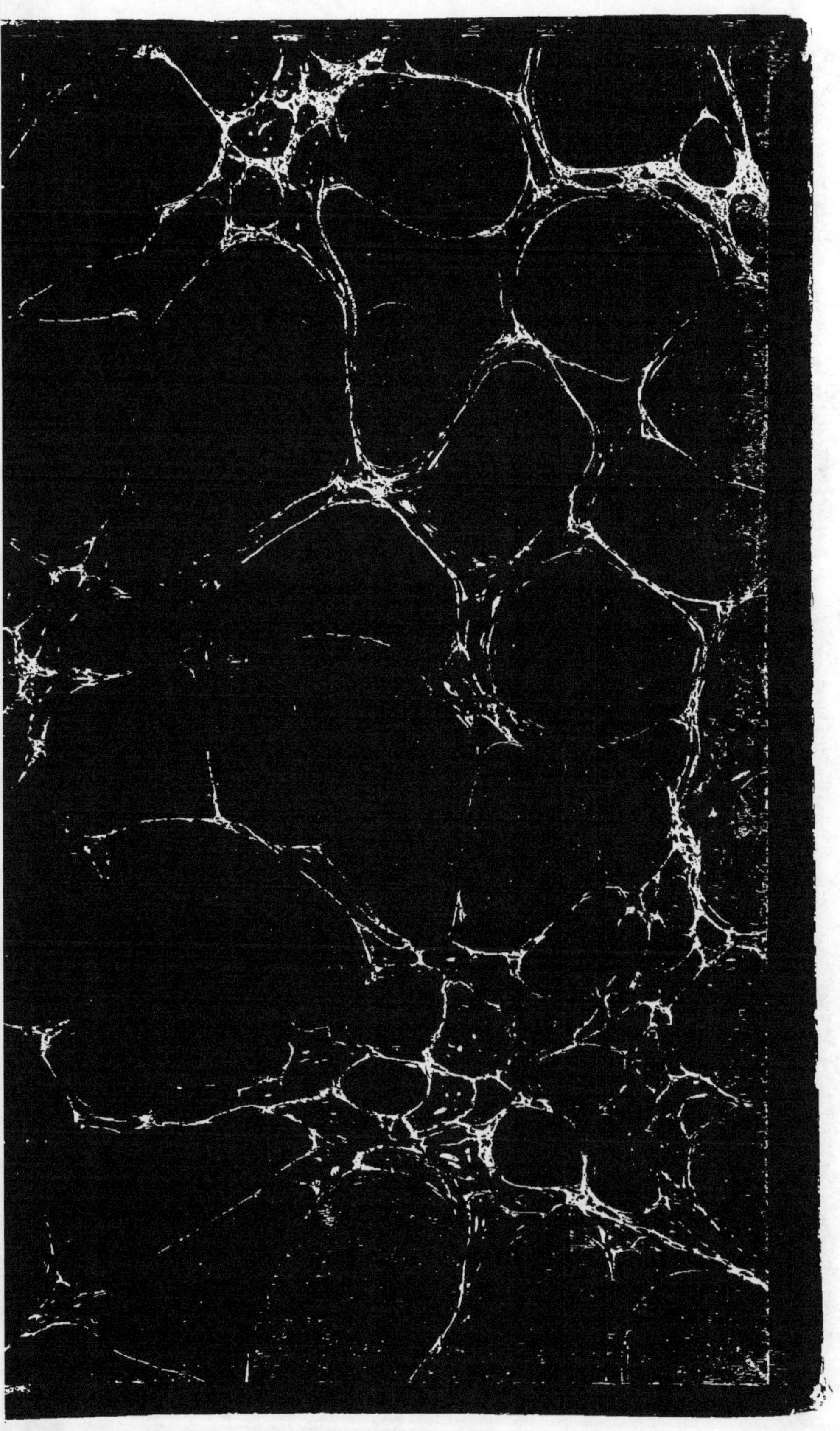